유럽화(Europeanization)
[1990년대 이후 새로운 유럽통합 속성 : 지방의 유럽연합]

"이 저서는 2006년도 정부재원(교육인적자원부 학술연구조성사업비)으로 한국학술진흥재단의 지원을 받아 연구되었음(KRF-2006-B00690)."

"This work was supported by the Korea Research Foundation Grant funded by the Korean Government (MOEHRD, Basic Research Promotion Fund) (KRF-2006-B00690)."

● 유럽화(Europeanization)

저자_송병준

발행_2009년 10월 21일
교정_높이깊이
편집디자인_편집부
표지디자인_조성준

발행처_높이깊이
발행인_김덕중

출판등록_제4-183호

주소 서울 성동구 성수1가동 22-6 우편번호 133-819
전화 02)463-2023(代) 팩스 02)2285-6244

E-mail_nopikipi@shinbiro.com

정가 **9,000원**

ISBN 978-89-7588-209-8

머리말

본 저서는 1990년대 이후 이른바 유럽화(Europeanization)라고 칭하는 유럽통합 과정의 새로운 정치·정치사회 현상과 그 실증적 예로써 유럽연합과 지방정부와의 변화된 관계를 다루었다. 1990년대 후반 이후 학계에서 널리 통용된 유럽화라는 용어는 기존에 유럽연합과 회원국 간 정치적 조정에 의해 이루어져왔던 통합과정을 넘어, 유럽연합, 회원국정부, 지방정부, 유럽차원의 사회적 세력 등이 망라된 총체적인 정치적 과정을 말한다.

행위자 차원에서 이러한 연유는 1986년 단일유럽의정서(Single European Act) 체결 이후 시장통합이 본격화되고, 더불어 시장통합이 가져오는 부정적 영향을 상쇄하기 위한 경제사회정책이 확장되면서 지방정부, 비정부간 기구 및 기업 등이 새로운 통합의 중심세력으로 부상하였기 때문이다.

구조적인 맥락에서는 통합의 목적이 경제통합을 넘어 사회적 결속 및 정치적 협력까지 확대되면서 다양한 사회적 세력을 포섭할 수 있도록 유럽연합의 제도적 조정이 이루어졌기 때문이다. 1990년대 이후 지방정부 및 사회적 세력과 집행위원회간 동반자 관계(partnership)가 확대되고, 유럽연합의 정책과정에서 공동결정(codecision)이 확대되면서 유럽의회의 기능이 복원되고, 다양한 사회적 이해관계가 초국가 정책과정에 영향을 미치게 된 것은 이러한 흐름을 반영한다.

유럽화라는 변화된 통합현상에서 가장 주목되는 것은 지방정부에 대한 새로운 발견이다. 1990년대에는 유럽연합과 국가라는 양대 통합의 주체 이외에도 결속정책(cohesion policy) 및 여타 사회경제정책에서 지방정부가 공적 권한을 갖고 유럽연합의 공공정책에 깊숙이 참여하게 되었다. 특히 결속정책에서는 지방정부가 회원국의 중앙정부 및 집행위원회와 복잡한 연계를 맺고 특정 프로그램과 정책과정에서 지배적인 권한을 행사하게 되었다. 또한 필요하다면 마스트리히트조약 이후 만들어진 유럽연합의 자문기구인 지역위원회(Committee of Regions)를 통해 지정학적 이해를 관철하여 왔다.

또한 1990년대 초부터 제기된 지방의 유럽(Regions of Europe)이라는 모토에서 확인할 수 있듯이 지방정부들은 자발적인 정책네트워크를 형성하여 유럽연합의 공동정책에 깊숙이 개입하였다. 이러한 지방정부의 개입은 단일유럽의정서 이후 규제정책에서 사회경제정책으로 성격이 변모한 환경정책에서 두드러진다. 대표적인 예가 유럽연합의 환경정책에 깊숙이 개입하는 지방정부와 사회적 세력간 연합인 알파인 협정(Alpine Agreements)이다. 지방정부와 다양한 사회적 세력이 참여하는 환경정책인 알파인 협정은 결속정책과 유사하게 분권화된 정책구조를 갖는 다층화된 유럽적 거버넌스의 태동을 낳고 유럽화라는 정치사회 현상을 실증하는 단면이다.

이러한 유럽화라는 1990년대 이후 새로운 통합속성을 분석하고, 이 과정에서 통합의 중심적인 행위자로 자리 잡은 지방정부의 등장배경과 정치사회적 영향을 분석하는 것이 본 책의 목적이다. 따라서 본 책에서는 변화된 1990년대 이후의 통합과정을 서술하기 위해 유럽화의 정의와 새로운 유럽연합의 지역주의 양상, 초국가정책에서 지방정부의 권한과 역할 나아가 지방정부간 협력시스템을 다룬다.

유럽통합은 1957년 로마조약(Treaty of Rome) 체결을 기점으로 50여년의 시간이 경과하였고 그동안 여러 정치적 결단과 경로의존적인 제도발전을 통해 현재에 이르렀다. 통합에 참여한 국가 역시 초기 6개국에서 현재는 27개국으로 확대되면서 국제정치 및 경제에서 주요한 행위자로 기능하고 있다. 이러한 중요성에 비추어 볼 때 한국에서 유럽연합에 대한 이해와 연구가 더욱더 요청된다고 할 수 있다. 끝으로 상업적 이해를 벗어나 졸고의 출판을 허락해 준 높이깊이 출판사 사장님께 이 자리를 빌려 감사의 마음을 전한다.

2009년 10월
저자 씀

목 차

01 유럽화 : 유럽연합과 국가의 변화
1. 정부간 협상에서 거버넌스로 발전 ································ 9
2. 유럽적 거버넌스 ································ 22

02 유럽화의 속성
1. 유럽화의 태동과 의미 ································ 29
2. 분화된 제도적 조정과 권한 : 신지역시스템 ································ 38

03 유럽화의 사례 (결속정책) : 유럽연합과 지방정부간 연합
1. 분산된 지정학적 이해의 결합 : 결속정책의 발전 ································ 49
2. 권한분산 시스템 : 결속정책의 운영 ································ 64

04 유럽화의 사례 (환경정책) : 지방정부간 연합
1. 지방의 유럽과 정책네트워크 ································ 75
2. 지방정부간 수평적 협력 : 환경정책의 운영 ································ 83

미 주 ································ 101
찾아보기 ································ 109

제1장

유럽화 : 유럽연합과 국가의 변화

1. 정부간 협상에서 거버넌스로 발전

　국가간 권력관계를 보는 국제정치 시각은 매우 단선적이다. 현실주의 시각은 무정부 상태의 국제질서에서 국가간 위계적인 권력 배분이 주요 관심영역이다. 가까이는 홉스(T. Hobbes)로부터 연원을 둔 이러한 사고에 기원하여 현실주의 시각에서는 단일의 헤게모니만이 국제사회에서 통합된 질서를 가능케 한다고 말한다. 현실주의 학자들에 따르면 국가는 국익과 영향력을 극대화한다는 공통의 목적을 갖고 있다. 따라서 국제기구나 국가간 협력체는 결국 개별 국가의 이익을 집산하고 조정하는 기능적 장치에 불과하다. 이러한 논리에 의해 국제적 협력에서 강대국의 헤게모니와 영향력은 변함없는 상수로 존재한다. 한편 현실주의와 대비되는 자유주의 시각에서는 국제기구, 비정부간 기구 및 다국적 기업 역시 국제사회의 주요 행위자로 상정하여 국제적 레짐을 통해 국가간 상호이해와 협력 방안을 제시한다.

　이와 같이 양 시각은 국가간 협력과 국제기구에 대한 권한 등에서 대비되는 설명을 제기한다. 그러나 탈냉전 이후 현실주의는 자유주의 시각에 비해 보다 큰 설명력의 한계를 갖는다. 점증하는 탈국경적 협력과 글로벌 경제의 확장으로 일국차원의 문제해결 여지는 제한될 수밖에 없다. 더불어 국제사회에서는 갈수록 초국가기구가 국제정치의 주요 행위자로 영향력을 확대하며 동시에 국내정치에도 지대한 파급을 야기하고 있다. 또한 국경을 넘은 네트워크를 통해 다국적 기업과 같은 사회적 행위자들이 글로벌화된 시장에서 영향력을 확대해 나가고 있다. 이러한 변화과정은 신제도주의(new institutionalism)에서 말하는 타당성의 논리(logic of appropriateness)에 따른 제도발전 과정이다.[1]

결정적으로 현실주의 시각은 1990년대 이후 변화된 유럽통합 과정을 명쾌하게 설명하지 못하고 있다. 현실주의 시각에서 상정한 무정부 상태의 국제질서에서 국가간 위계적 관계라는 전제를 통해서는 유럽연합과 같이 국제정치와 국내정치의 중첩 혹은 연계 현상을 적절히 설명할 수 없다. 물론 자유주의 전통을 이어받은 신기능주의(neofunctionalism) 이론 역시 회원국간 상호존중과 이해, 집행위원회와 사법재판소로 대표되는 초국가기구의 조정적 성격 나아가 회원국간 국경을 넘은 유럽적 문제해결이라는 유럽통합과정을 모두 설명하는 것은 아니다. 1990년대 유럽통합과정은 집행위원회를 중심으로 한 기능적 영역에서의 초국적 운영 그리고 각료이사회가 개입하는 지정학적 이익의 취합이라는 두 가지의 상반된 운영원칙이 융합된 것이다. 이는 곧 유럽연합에서는 초국가적 운영과 정부간 협상이 공존한다는 것을 말한다. 따라서 1900년대 이후 유럽통합과정은 정부간협상이론(intergovernmentalism)과 신기능주의 전통을 이어받은 초국가주의(supranationalization) 등 여러 이론적인 시각의 융합

속에서 설명할 수 있다.

  1990년대 유럽통합은 의제설정, 정책결정 및 정책실행의 전 과정에 걸쳐 유럽연합과 회원국정부간 공고한 협력시스템을 통해 이루어졌다. 또한 특정 정책에서는 지방정부와 같은 국가내부의 공적행위자가 통합과정에 참여하였다. 이와 같이 유럽통합은 다양한 정책영역에서 초국가기구와 국민국가뿐 아니라 지방정부와 같은 새로운 행위자가 공동의 규제와 정책을 통해 탈국가화를 이루어가는 과정이다.[2] 1990년대 들어 유럽연합은 특정 이슈에서 국가의 역할을 대신하여 가치의 권위적 배분을 행하는 일종의 정부의 기능을 수행하여 왔다. 또한 내무사법과 외교안보 및 조세와 같은 전통적인 국민국가 영역에 위치한 정책에서는 회원국간에 외교적 조정을 넘어 제도화된 수평적 협력이 이루어져왔다. 나아가 결속 및 일부 사회정책에서는 지방정부가 초국가 정책과정에서 중심적인 역할을 수행하고 있다. 이와 같이 유럽연합만이 갖는 복잡한 성격을 규명하고 일반화하기 위해서는 국제정치에서 말하는 정부(government)와 거버넌스(governance)에 대한 이해에서부터 출발해야 한다.

  정부는 정치적 목적을 구현하기 위해 민주적 대표성과 기능적 효율성을 배경으로 성립된 정치조직이다. 그러므로 정부는 국가와 같이 최고정점의 헌정적 권위를 갖는 거버넌스 체제일 수도 있으며, 지방정부와 같이 특정의 지정학적 경계 내에 존재하는 정치·행정적 거버넌스일 수도 있다. 이와 같이 다양한 특징을 갖는 정부는 다음과 같은 충족조건을 통해 성립된다. 첫째, 정부는 민주적 헌정질서를 요한다. 이는 양도할 수 없는 기본권과 권력균형 및 제한 원칙 등을 말한다. 여기서 권력균형은 단순하게 수평적 권한의 분립뿐 아니라 중앙과 지방간 위계적 구조에서의 권력균형을 모두 포함한다. 이와 같이 독립적 기능을 수행하는 공적 기구들은 상호의존적 관계 속에서 권력과 책임을 공유하므로 특정 기구가 권력을 독점하거나 지배적인 권한을 누릴 수 없다.

둘째, 정부를 구성하는 여러 기구와 하위정부는 상호간 독립적 기능과 권한을 갖는다. 이러한 독립적인 기능과 권한이 존재해야 집단적 정책결정이나 협상이 가능하다. 동시에 입법절차 역시 권력균형 속에서 다수결 원칙이 관철될 수 있다.

셋째, 정부는 대내외적인 대표성과 함께 책임성을 갖는다. 정부는 복잡한 이해관계를 취합하고 적법한 절차를 통해 정책결정을 내려야 한다. 따라서 정부의 대표성이란 여러 사회적 이익을 취합하고 조정할 수 있는 권한을 말한다. 이와 같이 정부가 대표성을 갖는 것은 모든 시민들에 대하여 정치적 책임을 지기 때문에 가능하다.[3]

이와 같이 적법성과 기능성을 동시에 갖는 정부는 국제관계 시스템에서는 주권국가와 동일하게 인식된다. 국가들만이 그들간 합의인 국제법과 레짐을 준수할 권위와 당위성을 갖는데 이러한 이유는 국가만이 주권이라는 배타적인 권한을 보유하기 때문이다. 따라서 주권은 개별국가가 내부적으로 권위를 독점하며 대외적으로 국가간 상호이해와 수평적 관계를 가능케 하는 당위성의 원천이다. 이러한 정부, 국가 그리고 주권적 속성이 존속하는 국제관계를 베스트팔렌 질서(Westphalian Order)로 칭한다.[4] 베스트팔렌 질서가 수세기 동안 존속할 수 있었던 동인은 무엇보다도 국가만이 지정학적 경계 내에서 배타적인 문제해결 권위와 능력을 보유하였기 때문이다.

여기서 국가가 대내외적인 독점적 권위를 유지하기 위해서는 정부라는 조직의 효율성이 필요하다. 물론 국가내부에서도 정부보다 효율적인 정책결정과 집행 능력을 갖는 사회적 행위자가 존재할 수 있다. 그러나 이러한 행위자들은 정부와 같은 공적 권한과 권위가 부재하다. 그러나 수세기간 존속되어온 베스트팔렌 질서는 국가이외의 사회적 행위자들이 참여하는 국제적 거버넌스로 변화되어가고 있다. 가장 두드러진 특징은 일국 내에서 헌정적 권위를 독점한 정부의 문제해결 능력이 제약되고 있다는 것이다. 국가 내부 뿐 아니라 국제적 질서 역시 점차 국가간 협력만으로는 효율성을 담보할 수 없게 되었다.

이러한 주원인은 경제의 글로벌화이다. 국경을 넘어 형성된 네트워크와 시장 그리고 다국적 기업과 같이 탈국민국가화된 사회적 행위자들은 국가에 전적으로 구속되지 않는다. 이에 따라 국가는 배타적 지정학적 경계 내에서도 시장을 전적으로 통제할 수 없게 되었다. 이러한 상황변화에 따라 보다 기능적 견지에서 거버넌스가 국민국가 패러다임을 대치하는 국제적 시스템으로 등장하게 되었다.

거버넌스는 이슈와 목적에 따라 여러 행위자들이 참여하는 네트워크를 통해 이루어진다. 거버넌스는 또한 권한의 이전이나 분산 혹은 권한의 집중과 중첩 등 공적·사적행위자간 자발적인 상호작용에 따른 복잡한 관계를 통해 형성된다. 이에 따라 거버넌스에서는 어느 한 행위자가 중앙집중적 권한을 독점할 수 없으며 의회민주주의와 관료제와는 성격이 또 다른 차원의 견제와 균형의 원리가 작용한다. 초기 거버넌스는 주로 산업부분에서 확대되는 글로벌 경제와 급변하는 기술주기에 대응한 기술합리성에서 출발하였지만 점차 국가와 시민사회 영역의 여러 이슈를 다루는 초국적 정부의 형태로 널리 확산되었다.[5] 특별히 국가라는 정치적 행위자들간에 형성된 거버넌스는 전통적인 외교관계와 상이한 탈국민국가화된 정치시스템의 기능을 수행하고 있다. 이러한 탈국민국가화된 거버넌스는 구속력, 형태 그리고 목적 등에 따라 다음과 같은 유형으로 범주화 할 수 있다.

첫째, 정부간 합의에 따른 거버넌스(governance with governments)로 국가간 암묵적 혹은 명시적 합의를 통해 공동의 규범과 절차를 부과하는 국제적 레짐이 대표적 예이다. 물론 레짐의 경우 국가간 비공식화된 네트워크를 통해서도 생성 될 수 있다. 반면에 국제적 기구는 행정조직과 자원을 갖는 물리적 실체로 지역 혹은 국제적 수준에서 규제부과 기능을 갖는다. 이 경우 국제적 기구는 국가간 조약을 통해 형성되므로 레짐에 비해 보다 명시적인 구속력을 갖는다. 통상 국제적 기구는 경제·사회발전에 상응한 전문화된 기술적 문제를 다루기 위해 형성된다. 통신 및 환경분야의 국제적 기구는 대표적 경우이다. 이와 같이 국제적 거버넌스는 국가간 자발적 합의를 통해 형성되므로 국제적 거버넌스가 활성화되어도 베스트팔렌 질서라는 국민국가 패러다임이 파기된 것은 아니다.

둘째, 정부 없는 거버넌스(governance without governments)는 최근 20여년간 괄목하게 발전한 거버넌스 형태이다. 이러한 거버넌스 역시 국가간 합의에 따라 일종의 네트워크 형태로 존재하므로 특정의 경우 참여국가가 비토권을 갖기도 한다. 그러나 대개의 경우 정부 없는 거버넌스는 정부간 합의에 따른 거버넌스에 비해 국가 주권으로부터 보다 자유롭다. 국제상공회의소(IOC)나 인터넷 규약기구(ISOC) 등이 대표적 예로 여타의 국제적 거버넌스에 비해 보다 공고한 네트워크를 기반으로 존재한다. 물론 그린피스와 같은 비정부간 기구나 국경을 넘어 연계하는 전문가 집단

도 이러한 경우에 해당된다.[6]

셋째, 초국적 거버넌스(supranational governance)는 단일의 규범을 통해 국가주권을 제한하는 국제적 기구이다. 논리적으로 국제적 기구 역시 정부간 합의를 통해 초국적 규범을 부과하거나 국가로부터의 권한 이전을 통해 정당성을 확보하여 초국적 거버넌스로 진화할 수 있다. 그러나 이러한 특징을 갖는 거버넌스는 유럽연합 이외에는 찾아 볼 수 없다. 초국적 거버넌스는 정부간 합의에 따른 거버넌스와 달리 국가내부의 사회적 행위자에 대한 통제가 불명확하다. 또한 여타의 거버넌스에 비해 높은 수준의 제도화로 인해 규범에 대한 해석을 둘러싼 국가간 분쟁 여지가 상대적으로 적다.

이러한 거버넌스 시각은 현재의 유럽연합 구조와 시스템을 이해하는 매우 유용한 분석시각이다. 유럽연합은 국가와 같은 정부(government)는 아니지만 일종의 정체(polity)로써 정부와 유사한 기능을 수행한다는 점에서 거버넌스로 이해할 수 있다. 실제로 복지, 환경, 노동 및 지역 등 국가 내의 여러 이슈들 역시 유럽연합에서도 다루어지는 정책영역들이다. 그러나 유럽연합은 국가 이외에도 여러 정치적 행위자들이 모인 집합적 통치양식이라는 점에서 국가와 차별화된 이슈영역을 갖는다. 이러한 이슈영역은 통합목적과 유럽연합의 제도적 구조로부터 비롯된 것이다. 따라서 유럽적 거버넌스는 먼저 초국가 제도에 대한 이해로부터 시작되어야 하며 당연히 제도적 접근은 유럽연합의 거버넌스를 이해하는 주요한 시각이다. 이러한 논리는 다음과 같이 도식화할 수 있다. 유럽적 거버넌스는 유럽연합이라는 정체 내에서 사회, 경제 및 정치적 권력과 이해의 교환과 갈등해소와 같은 정치(politics)가 이루어지고 이에 따라 정책(policy)

산출이 이루어지는 구조이며 과정이다. 여기서 정체는 제도적 구조를 배경으로 성립되므로 제도적 조정은 정책의 변화를 가능케 한다. 이러한 맥락에서 거버넌스 시각은 제도발전에 따른 정치과정과 정책을 이해하는 유용한 이론적 틀이다.[7] 유럽연합은 여타 지역통합이나 국제기구와 비교할 수 없는 고도의 정치·경제적 결속을 배경으로 생성된 유일한 실례이다. 이러한 유일무이한 성격은 바로 유럽연합의 초국가성에서 비롯된다. 그러나 이러한 초국가성이 곧 미국과 같은 연방적 성격을 말하는 것은 아니다. 유럽연합의 초국가성에는 정부간 협상논리 역시 내재하기 때문이다. 실제로 외교안보분야 같이 몇몇 정책영역들은 낮은 수준의 초국가 제도화 속에서 국가간 외교적 협상논리가 적용된다. 조세 및 복지 정책에서도 이러한 현상을 볼 수 있다.

이론적 맥락에서 1950년대 이후 정부간협상이론과 신기능주의는 국가간 통합현상을 규명하는 지배적 시각으로 발전하여 왔다. 1980년대 말 이후 변화된 통합속성에서도 양 이론은 다양한 이론적 분파를 통해 유럽통합을 설명하는 이론으로 여전히 설명력을 갖고 있다. 정부간협상이론은 자유주의 정부간협상이론(liberal intergovernmentalism)으로 그리고 신기능주의는 초국가주의로 보다 정교한 가정과 설명을 통해 이론적 발전을 꾀하여 왔다. 주목할 사실은 초국가 정부와 제도를 강조하는 다층적 거버넌스(multi level governance)와 정책네트워크(policy network) 및 신제도주의시각들은 공통적으로 그 이론적 출발은 신기능주의로부터 시작된다는 것이다. 이러한 시각은 모두 국가중심성에 대한 비판에서부터 출발하였다는 공통점을 갖고 있어 자유주의 정부간협상이론과 대척점에 위치한다고 할 수 있다.[8]

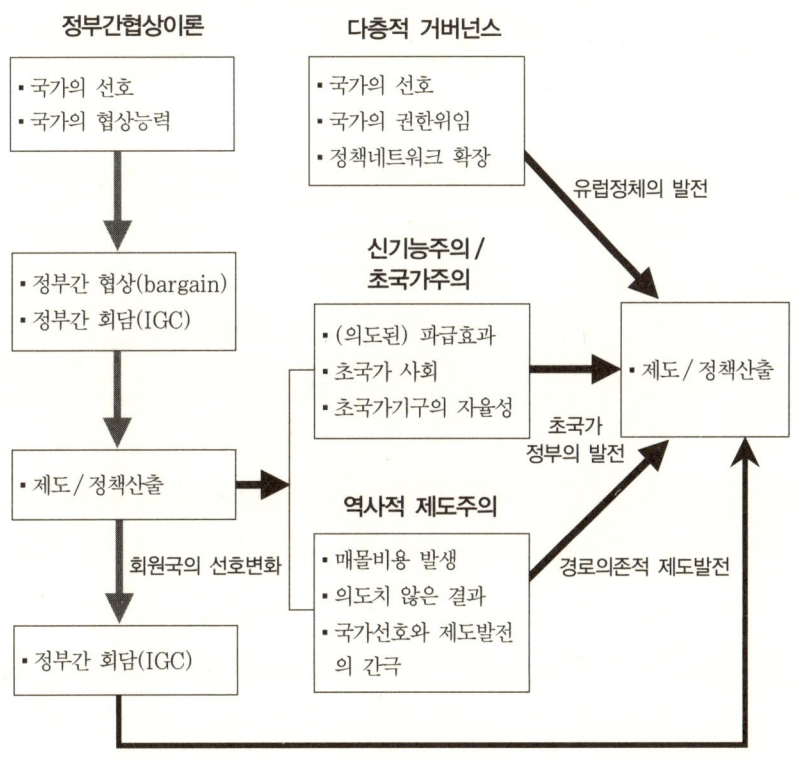

그림 1 ▶ 유럽연합에서 초국가제도와 정책산출 경로

    정부간협상 시각에서는 회원국을 단일의 선호를 갖는 행위자로 상정하며 이러한 회원국간 협력과 갈등을 파악하여 유럽연합의 정책과정을 이해한다. 유럽연합에서 주요한 정책결정은 정부간협상을 통해 회원국의 이익과 선호에 의해 결정된다. 따라서 본 시각에서 집행위원회와 사법재판소와 같은 초국가기구는 회원국간 합의를 원활하게 진행하여 거래비용을 낮추고 결정된 정책을 이행하기 위한 제도적 장치에 불과하다.[9]

    그러나 이러한 국가중심 시각은 1990년대 이후 신기능주의 전통을 수용한 초국가주의와 다층적 거버넌스 시각에 의해 정면으로 부정되어 왔다. 샌드홀즈(W. Sandholtz)와 스위트(A. S. Sweet)와 같은 초국가주의 이론가들은 단일유럽의정서 체결을 계기로 유럽통합 과정은 전통적인 정부간 협상에서 초국가 제도화 단계로 이행하였다는 논리를 제기하였다.[10] 또한 막스(G. Marks)와 호흐(L. Hooghe)에 의해 제기된 다층적 거버넌스 시각에서는 유럽연합에서 회원국간 정치적 조정이라는 전통적인 국가중심 통합이 다양한 행위자에게 권한이 분산된 거버넌스 과정으로 변화하였다는 사실을 강조하였다.[11] 나아가 콜로코흐(B. Kohler-Koch)는 유럽연구에 대한 이론적 출발은 누가 무엇을 결정하는가? 에서 어떠한 조건과 근거로 정책결정이 이루어지는가? 에 대한 해답을 구하는 것이라 는 사실을 강조하였다. 콜로코흐는 이러한 문제인식에서 정책네트워크이론은 다양한 행위자들의 이익이 유럽연합으로 집산되고 조정되어 다시 분산되어가는 과정을 이해하는 유용한 시각이라고 역설하였다.[12] 이러한 논리로 다층적 거버넌스와 정책네트워크이론에서는 초국가기구와 국가 내 하위정부의 권한확장에 의해 유럽적 거버넌스에서 회원국정부의 지배적인 영향력이 이전보다 감소하게 된 동인을 제기한다. 동시에 양 시각에서는 국가 이외의 또 다른 공적·사적행위자를 통합과정에 참여하는 행위자로 상정하여 복잡한 권한배분과 관계양식을 제기하고 있다. 나아가 신제도주의 시각을 견지하는 마치(J. G. March)와 올센(J. P. Olsen)은 국제적 제도와 네트워크가 증가하면서 베스트팔렌식의 정치질서가 쇠퇴한다는 사실을 들어 유럽통합에 대한 이해는 제도분석으로 전환되어야 한다고 역설하였다.[13] 이와 같이 1990년대 이후 국가중심성과 대척점에 위치한 이론적 시각에서 바라보는 유럽통합과정은 다음과 같은 공통점을 갖는다.

첫째, 유럽연합은 정부간 협상에서 초국가 정부 혹은 연방적 정체로 전환되고 있다. 이러한 이유는 경제사회정책을 중심으로 회원국의 권한이 초국가기구로 이전되고 있기 때문이다. 이러한 추세에 영향 받아 집행위원회의 영향력이 깊숙이 개입된 정책영역이 증가하고 있다. 특히 단일유럽의정서 체결 이후 이러한 권한조정과정이 보다 극명하게 진행되어 왔다. 실제로 결속정책, 경쟁정책 그리고 단일시장 내 탈규제 조치 등에서 집행위원회의 기업가형 리더십을 확인할 수 있다. 나아가 회원국들의 자발적인 권한 이전을 통해 회원국정부가 독립적으로 시행하는 정책이 유럽연합으로 이전되어가고 있다. 이와 동시에 집행위원회와 같은 초국가기구의 기능적, 행정적 지원이 증가하고 있다. 이민망명정책은 대표적 예이다. 이미 유럽연합은 경제화폐동맹(EMU: Economic and Monetary Union)과 공동외교안보정책(CFSP: Common Foreign and Security Policy)을 통해 국가간 외교적 조정보다 진일보한 초국가정책을 시행하거나 제도화된 정부간 협력을 이루고 있다. 공동외교안보정책은 완전한 초국가 정책이라고 할 수 없지만 암스테르담조약(The Amsterdam Treaty) 이후 일련의 조약 수정을 통해 국가간 제도화된 협력구조가 강화되어왔다. 특히 유럽시민권(European Citizenship)은 유럽차원에서 공동의 정치적 정체성을 꾀한 실증적 예이다. 물론 유럽연합에서 연방적 성격은 미약하지만 이전보다 확대되었다는 사실은 부인할 수 없다.[14]

둘째, 유럽연합의 정책결정과정은 정부간 정치적 타협에서 다수결 원칙으로 발전하면서 효율성이 증가하고 민주적 당위성이 제고되어가고 있다. 1980년대 중반까지 유럽연합의 정책결정과정은 룩셈부르크타협(Luxembourg Compromise)으로 상징되는 정부간 정치적 협상논리가 지배하였다. 그러나 단일유럽의정서와 마스트리히트조약 체결로 공동결정절차(codecision procedure)가 도입되면서 정책과정에서는 여러 행위자간 기능적 타협이 일상화되었다. 또한 각료이사회에서는 가중다수결 표결(QMV: Qualified Majority Voting)이 확대되면서 국가간 극단적인 정치적 대립이 상당부분 완화되었다. 이에 따라 일상화된 유럽연합의 운영과정에서 특정 강대국간 정치적 타협의 여지는 갈수록 줄어들고 있다. 또 한 가지 주목할 사실은 유럽의회가 공동결정절차에서 집행위원회 및 각료이사회와 권력을 공유하고 있다는 것이다. 이외에 유럽의회의 예산결정 및 통제권한이 이전보다 현실화되고, 마스트리히트조약 이후에는 청원권(right of petition)을 보유하는 등 고전적인 의회민주주의 정체에서 볼 수 있는 의회 본연의 성격이 증가하고 있다.[15]

셋째, 1990년대 이후 통합과정에서는 정부간 협상논리라는 국가중심의 통합과정은 더 이상 유효하지 않다. 그럼에도 공동외교안보와 내무사법협력(JHA: Justice and Home Affairs)에서 볼 수 있듯이 회원국간 정치적 협상이 전적으로 파기된 것은 아니다. 이점에서 국가중심 시각의 제한된 설명력을 확인할 수 있다. 국가중심주의 시각을 견지하는 자유주의 정부간협상이론은 국가내부에서의 사회적 압력과 선호 형성을 유럽차원의 국가간 협상 논리와 분리하여 이해한다. 여기서 모든 회원국은 국제적 수준에서 국가간 협상을 특정 짓는 강대국의 영향력과 약소국에 주어지는 부차적 보상과 같은 협상논리의 적용을 받는다. 반면에 회원국간 상이한 정치적 노선과 사회적 구조에 따라 각 국가의 대외선호 형성과정과 내용은 상이하다.

결론적으로 자유주의 정부간협상이론에 따르면 국제적 수준에서 모든 회원국에게 적용되는 공통적인 정부간 협상논리와 국내에서는 회원국간 상이한 선호구성 원리가 작동한다. 이는 곧 유럽적 정치과정은 국가라는 지정학적 경계로부터 출발한다는 논리를 담은 것이다. 반면에 초국가주의 이론에서는 국가의 경계를 벗어나 초국가 사회에서 유럽차원의 경제사회적 이익을 제시한다. 유럽연합의 정책결정과정에서 이해관계를 관철하려고 국경을 넘어 조직화된 이익집단이 증가하고 실제 이러한 행위자들이 정책과정에 깊숙이 영향을 미치고 있다. 유사한 맥락에서 다층적 거버넌스 시각에 따르면 유럽연합은 중심적인 권한이 부재한 가운데 정책과정에서 유럽연합으로부터 지방정부까지 중첩된 권한과 기능이 존재한다. 이러한 논리로 국가를 경계로 분리된 지정학 이해관계는 퇴색하고 있다.

2. 유럽적 거버넌스

유럽연합의 거버넌스는 여러 수준에 위치한 정부와 다양한 정책영역에 걸쳐 형성된 복잡한 정책네트워크로 구성되어 있다. 대개의 경우 유럽연합의 초국적 운영이란 집행위원회를 위시한 유럽연합 기구와 회원국 정부간 공동결정과 정책실행과정을 말한다. 이에 따라 각 회원국의 행정시스템은 초국가정책의 효율적인 결정과 실행을 위해 유럽연합의 정책집행 구조와 조화를 이루고 있다. 특정 규제적 조치의 경우 유럽연합은 회원국정부와 무관하게 유럽차원의 공공기구 및 기업과 파트너 관계를 형성해 정책을 집행한다. 이와 같이 유럽연합 거버넌스는 다양한 행위자들이 상호간 높은 수준의 독립성을 배경으로 자발적인 협력을 꾀하는 다원적 합의시스템이다.[16] 그러므로 유럽연합의 제도발전은 행위자들간 의존관계의 심화, 이에 따른 기대수준의 수렴화 그리고 국내의 정치, 행정 구조가 유럽연합의 제도를 수용할 만큼 유연성을 갖출 때 보다 효과적으로 이루어진다.

1990년대 이후 유럽통합과정은 초국가주의와 정부간협상주의가 결합하여 다양한 정책에서 탈국가화를 통한 공동의 규제와 대응으로 나아가는 과정이다.[17] 이러한 상반된 통합양식이 존재하는 것은 유럽연합이 다층화된 거버넌스 구조로 발전하였기 때문이다. 유럽적 거버넌스를 일컫는 다층적 거버넌스는 유럽연합-국가-지방정부 등 수직적 위계관계에 있는 각 정부가 다양한 이슈영역에서 수평적인 상호의존적 관계를 형성하거나, 각 정부간 기능의 중첩을 통해 경쟁 혹은 협력관계를 통해 정책을 만들고 집행하는 통치양식을 말한다. 따라서 다층적 거버넌스는 이스

턴(D. Easton)이 말한 바와 같이 정치적 권한과 정당성을 독점한 국민국가와는 명확히 구분되는 정치시스템이다. 또한 전통적인 공공정책 과정이나 시장메커니즘만으로 설명할 수 없는 복잡한 정치과정이다.[18] 유럽적 거버넌스는 공동의 목적을 구현하기 위하여 유럽연합, 국민국가, 지방정부 및 사회적 행위자를 망라하여 여러 수준에 위치한 행위자들이 참여하는 정치시스템이다. 물론 이안에는 다양한 민주적 가치와 정치적 논리가 존재한다. 그럼에도 이러한 각각의 가치와 정치적 논리는 유럽연합을 중심으로 수렴되어가며 이 결과 통합이 심화된다.

구체적으로 유럽연합의 지정학적 정치는 유럽연합, 회원국 및 지방정부 등으로 다층화된 층을 이루고, 각 층마다 행위자들의 선호가 차별화되고 각각이 독립적인 통치시스템을 갖는다. 여기서 회원국과 지방정부는 개별적으로 또 다른 회원국 및 지방정부와 정부간 협상논리에 따른 수평적 관계를 형성한다. 동시에 이러한 정부들은 유럽연합과 수직적 상호작용을 병행한다. 이러한 구조에 의해 유럽적 이슈에 있어 국내정치와 국제정치가 혼재된 양상으로 나타난다. 즉 중앙정부와 지방정부가 유럽연합에서 의사관철이라는 국경 밖의 이해관계를 위하여 국내에서부터 협력을 꾀할 수 있다. 또한 지방정부가 중앙정부를 경유하여 유럽연합의 공동정책에서 이해관계를 관철할 수 있다. 이외에도 지방정부가 유럽연합과 직접 네트워크를 형성하여 초국가 정책을 집행할 수도 있다.

이러한 다층화된 구조와 상호작용은 시간이 경과하면서 각 층에 위치한 정부간 권한의 중첩과 이슈에 따른 제도화된 협력이 이루어진다. 이 결과 국내정치와 국제정치간 경계가 퇴색되어 가는데 이는 곧 유럽연합 다층적 거버넌스의 전형적인 발전과정이다.

이러한 과정과 구조를 볼 때 유럽연합의 다층적 거버넌스는 국제적 거버넌스 뿐 아니라 전통적인 정부와도 차별화된다. 유럽연합은 정부간 기구 이상의 초국가적 성격을 갖는 국제적 거버넌스 시스템이다. 그럼에도 전술한 국제적 거버넌스보다 더욱 복잡한 구조적 조건 및 행위자간 결속관계로 형성되어 있다. 물론 다층적 거버넌스는 비위계적 권한 구조, 행위자간 권한의 분권과 중첩 이외에도 국가 주권의 제약성 등에서 국제적 거버넌스와 유사한 특징을 갖는다. 그럼에도 유럽에서 관찰되는 다층적 거버넌스는 이슈영역에 따라 초국가적 규제와 정부간 협상이 병존하는 복잡한 통치과정을 포함한다. 나아가 유럽연합은 규제적 조치 이외에 일부 영역에서 자원의 재분배 기능을 갖는다는 점에서 일반적인 국제적 거버넌스와 차별화된다.

무엇보다도 유럽연합은 공동체법의 직접효력(direct effect)과 최고성(supremacy) 원칙을 통해 국내법에 우선한 법적 권위를 갖고 있다. 물론 이러한 초국적 권위는 보충성 원칙(principle of subsidiarity)에 의해 무한적으로 확장되는 것은 아니다. 따라서 사법재판소(ECJ: European Court of Justice)와 회원국은 법적·정치적 관계에서 상호간 제한적인 영역에 한해 상대적인 우월성을 갖는다. 이와 같이 복잡하고 독특한 유럽연합의 거버넌스 형태를 정부 및 거버넌스와 비교하면 목적, 구조, 행위자 및 정책과정 등에서 표 1과 같은 차이점을 찾을 수 있다.

벌머(S. J. Bulmer)는 유럽연합이 국가위에 추가적인 권한(additional layers of authority)이 중첩되어 있는 융합적인 거버넌스 구조라고 말한다. 이러한 유럽연합의 구조는 단일유럽의정서와 마스트리히트조약 체결 이후 기존 제도의 재구성 과정에서 비롯된 것이다. 유럽연합이 여타의 국제적 거버

표 1 ▶ 정부, 거버넌스, 유럽연합의 다층적 거버넌스 비교

	정부	(국제적) 거버넌스	유럽연합의 다층적 거버넌스
목적	• 규제적 조치 • 자원의 재분배	• 규제적 조치	• 규제적 조치 • 자원의 재분배
구조	• 중앙 집권적	• 네트워크 구조 • 다중적 권위와 경로 • 탈국민국가 시스템	• 네트워크 구조 • 다중적 권위와 경로 • 탈국민국가 시스템과 국가간 협상시스템 병존
행위자	• 국민국가 내 공적행위자 • 위계적 권한배분	• 공적, 사적행위자	• 공적, 사적행위자 • 초국가 행위자
당위성	• 민주적 헌정질서	• 국제적 규약 • 기술합리성	• 초국적 법(조약 및 2차 입법)

넌스와 가장 두드러진 차이점은 단일통화를 도입하고 결속정책과 같은 재분배정책을 수행한다는 사실이다.[19] 이러한 사실에서 벌머는 역사적 제도주의(historical institutionalism) 시각을 통해 유럽연합 거버넌스의 특징을 초경계(trans-sectoral)적으로 진행되는 거버넌스와 제도, 정책과 이슈에 따른 거버넌스 레짐(governance regime) 그리고 규제적 패턴(regulatory pattern)의 거버넌스 등 3가지 성격으로 발전되어 왔다고 말한다.

먼저, 유럽적 거버넌스는 초경계적으로 전개되는 공식·비공식적인 제도적 구조로 발전하여 왔다. 공식·비공식적 제도는 단일유럽의정서와 마스트리히트조약 등 초국가 수준에서 진행된 조약(treaty)생성과 수정 같은 제도개혁과 비공식적인 정부간 회합을 망라한다. 유럽적 거버넌스의 특징을 형성하는 가장 중요한 제도적 조건은 물론 조약이다. 그러나 역사적 제도주의 시각에서 볼 때 제도는 정치적 행위가 전개되는 공간을 넘어 이러한 행위가 이루어지는 사회적 맥락을 담는다. 이러한 점에서 정치적 합의와 같은 연성화된 제도 역시 거버넌스를 구성하는 일단의 제

도라고 할 수 있다.

둘째, 유럽연합은 이슈와 정책에 따라 다양한 거버넌스 레짐이 형성되어 있으며 각각의 운용 패턴이 상이하게 발전되어왔다. 여기서 거버넌스 레짐은 내무사법협력과 같이 느슨한 초국가 제도에 의해 운영되는 정책까지 망라한 개념이다. 이러한 거버넌스 레짐은 정책과정에서 사회적 행위자를 망라하여 다양한 행위자가 참여하며 정책네트워크를 통해 일상적인 운영이 이루어진다.

끝으로, 유럽연합의 거버넌스는 경제, 정치 및 행정적 차원에서 규제적 성격이 강화되어 왔다. 마요네(G. Majone)가 제시한 바와 같이 유럽연합은 독립적인 재원이 제약된 거버넌스이다. 따라서 규제정책(regulatory policies) 이외에 재원이 요구되는 프로그램은 사적 영역에서 재원을 조달하거나 회원국의 정책을 보조하는 수준에 그칠 수밖에 없다. 또한 법적, 행정적 차원에서도 유럽연합은 연방정부 수준의 서비스를 제공키 어려운 소규모의 행정 구조를 갖고 있다.[20] 그러므로 유럽적 거버넌스는 재분배정책(redistribution policies)이 제약된 일종의 규제국가(regulatory states)적 성격을 갖는다고 할 수 있다.

표 2 ▶ 유럽적 거버넌스에 내재한 제도

제도(institutions)	법률(instruments)
• 초국가/정부간 제도 • 제도 내 관계(초국가기구간 권력관계) • 제도 내 조직(DG, Coreper 구조 등) • 제도 내 절차(다양한 정책과정) • 제도적 규범(2차 입법, 공동의 가치 등)	• 조약(treaty) • 비강제적 합의(Solemn Declaration 등) • 국제법 • 2차입법과 결정(decision) • 유럽사법재판소의 판례 • 연성법(soft law) • 정치적 합의

단일유럽의정서 체결 이후 유럽연합은 단일시장내 경제주체와 지방정부와 같은 다양한 행위자들이 수평적 권한을 갖고 참여하는 다층화된 거버넌스 구조로 변화되었다. 이러한 구조는 이슈와 정책마다 이해관계를 갖는 행위자들이 정책네트워크를 통해 참여하는 비위계적이며 다중심적인 권한구조(polycentric structure)이다. 이에 따라 1990년대 들어 유럽연합은 초국가기구 뿐 아니라 지방정부 및 다양한 사회적 행위자들을 포함한 여러 자율적인 정부가 모인 일종의 혼합정체(mixed polity)로 변화하여 왔다.[21] 이러한 혼합정체를 배경으로 이루어진 공적·사적행위자간 상호작용이 바로 유럽적 거버넌스이다.

결론적으로 유럽적 거버넌스의 태동은 글로벌 경제에 대응한 국가의 자발적인 권한위임과 통합된 시장에서 초국가 규제의 확장을 통해 이루어졌다. 그러나 국가의 권한위임과 초국가 규제의 확장을 국가중심시각과 같이 정부간 회담(IGC: Intergovernmental Conference)이나 회원국간 주요한 정치적 결정에서만 찾을 수는 없다. 물론 단일유럽의정서와 마스트리히트조약 체결을 위해 개최된 정부간 회담은 유럽적 거버넌스의 발전을 가져온 가장 중요한 요인들이다. 그러나 급진적 제도변화 역시 일상화된 상호작용이 축적되면서 나온 점진적인 발전의 결과이다. 기술, 환경 및 사회정책 영역 등으로 확대되고 있는 유럽연합의 중기정책(mediumterm policy), 반복되는 정책결정이 가져온 행위자간 인식의 균형, 정책과정에서 야기되는 오류와 문제점이 축적되면서 제기되는 제도개혁 압력, 초국가 수준에서 공동정책 시행 확대 등 이러한 모든 점진적인 정치적 행위들이 제도개혁의 배경이 되었다. 이와 같이 유럽적 거버넌스는 외부의 경제환경 변화와 더불어 유럽연합에서 정책결정방식의 변화 초국가기구간 권력 조정을 포함한 제도적 조정 그리고 초국가 수준에서 새로운 정책시행 등 복잡한 정치·경제적 요인들이 융합된 결과이다.[22]

제2장

유럽화의 속성

1. 유럽화의 태동과 의미

　1990년대 이후 유럽통합 과정이 이전과 달리 질적으로 상이한 단계에 접어들면서 학문적 관심은 유럽통합과 국내정치와의 상관성에 모아지게 되었다. 통합과정이 성숙하면서 국내정치는 어떻게 변화하는가? 나아가 국내정치는 유럽통합에 어떠한 영향을 미치는가? 이러한 질문은 유럽화라는 초국가와 국가 수준에서 동시 병행적으로 진행되고 있는 서유럽의 특징적인 정치사회적 변화에 대한 문제인식을 담은 것이다. 유럽연합에서는 전통적인 사회·경제적 질서가 지정학적 경계를 넘어 재편되어가고 이러한 현상은 시간이 경과하면서 보다 가속화되고 있다. 또한 통합과정이 고도화되면서 회원국 수준에서도 정치적 구조와 경제사회적 변화 역시 야기되고 있다.

　유럽연합에서는 1990년대 들어 마스트리히트 조약을 위시한 일련의 조약 생성과 수정이 이루어졌다. 여기에 2004년에는 기존 회원국과 경제사회발전 과정이 현격한 차이를 갖는 동유럽과 남유럽 10개국이 가입하였다. 뒤이어 근본적인 제도적 변혁과 사회적 수렴을 의도한 유럽헌법

(European Constitution)이 제정되었다. 유럽헌법은 비록 최종적인 비준에는 실패하였다. 그러나 유럽헌법은 단순히 조약수정을 통한 제도개혁을 넘어 기존의 여러 조약을 초국가 수준에서 헌정화하려는 시도였다는 점에서 유럽연합이 어느 수준의 통합단계에까지 왔는가를 상징적으로 보여준다. 즉 유럽헌법은 유럽통합에 대한 재인식을 통해 회원국정부가 모두 수용할 수 있는 제도, 규범 그리고 사회적 가치를 초국가 수준에서 구현하려 한 것이다.

이러한 통합의 진척에 따라 1990년대 이후 유럽연구의 학문적 화두는 국가간 통합을 규명하는 전통적 시각을 벗어나 유럽연합이라는 정치적 실체가 어떻게 작동하는가에 대한 해답을 찾는데 모아졌다. 많은 학자들은 이러한 일련의 발전과정을 전통적인 국가간 통합을 넘어 유럽화라는 새로운 정치·사회적 현상으로 이해하였다. 학문적 의미에서 유럽화는 통합이론이 제시하지 못한 통합의 질적 심화과정을 이해하기 위한 개념이다. 동시에 개별 정책연구를 보다 심화하고, 유럽연합의 새로운 통치양식과 국가내부 및 사회적 변화까지 포괄한 설명이다. 즉 유럽화는 1990년대 이후 질적으로 변화된 통합과정에 대한 기술이며, 동시에 이러한 현상을 설명하려는 이론적 논의의 출발이다.

이론적 맥락에서 유럽화에 대한 논의는 전통적인 통합이론의 분석적 한계에서부터 출발하였다. 지역통합이론은 국가간 통합의 조건과 통합의 수평적 범위(scope and range)를 규명한다. 국가중심성에 대한 해석의 차이에도 불구하고 신기능주의나 정부간협상이론 모두 주권제약을 통한 통합의 조건과 범위를 제시한다. 유럽적 맥락에서 통합 범위와 정도는 주로 시장통합단계에서 각국에 상존하는 물리적·제도적 장벽을 제거하는 소극적 통합(negative integration) 과정을 말한다. 문제는 통합이론에서는 적극적 통합(positive integration) 단계와 같은 통합의 질적 수준(level and depth)에 대한 문제인식이 희박하다는 것이다. 적극적 통합과정은 시장창출 이후 시장시정과 보완을 위해 초국가 수준에서 규제적 조치와 함께 재분배 정책을 확대하는 것으로 표준화 정책이나 노동시장정책이 대표적 예이다. 여기에는 국민국가 패러다임에 위치한 제 정책이 점차 유럽연합으로 권한이 전환되어가는 과정을 포함한다. 쉥겐협정(Schengen Agreement)의 공동체조약 편입은 이러한 통합과정을 보여준다. 결국 적극적 통합단계에서는 일상적인 초국적 운영이 확장되고 동시에 국가의 역할과 사회적 질서가 재편되어 간다. 여기서 유럽화란 적극적 통합이 가져오는 유럽연합의 운영과 정치·사회적 변화에 대한 기술이다.

구체적으로 유럽화는 유럽의 새로운 통치구조인 다층적 거버넌스를 배경으로한 정치적 현상이다. 다층적 거버넌스는 구조적 맥락에서 초국가 수준에서 공적 영역의 확장과 통합된 단일시장 기제 그리고 유럽연합으로 수렴화되어가는 국내정치와 제도라는 여러 차원의 변화를 통해 생성되었다. 따라서 유럽화를 이해하기 위해서는 초국가 제도 및 정책과 같은 초국가성과 통합에 따른 국민국가 패러다임의 변화를 동시에 살펴보아야 한다. 후자의 경우 유럽화에 영향 받아 변화하는 국가의 기능과 국가내부 하위행위자를 통해 국가내부에서 지정학적 이익변화 등을 이해해야 한다. 더불어 유럽연합의 공동정책에 개입하는 기업과 비정부간 기구 등 다양한 사회적 행위자를 통해 새롭게 구성되고 있는 유럽적 시민사회를 이해할 필요가 있다.

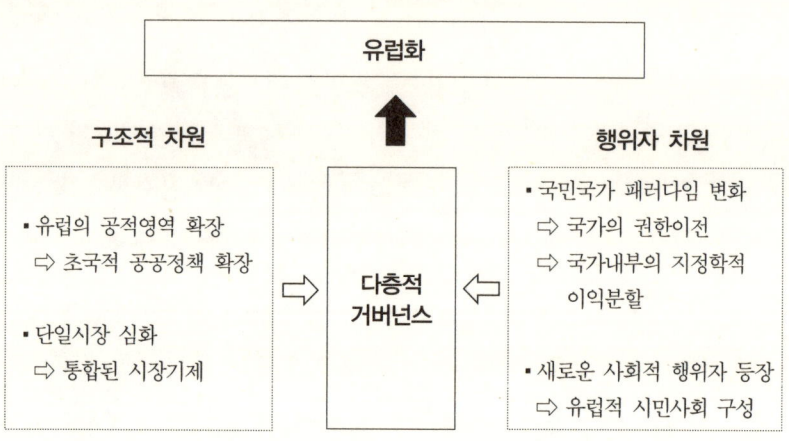

그림 2 ▶ 유럽화의 배경

첫째, 제도적 맥락에서 유럽화는 국민국가, 초국가 그리고 세계적 수준을 망라한 서유럽의 새로운 조절메커니즘인 다층적 거버넌스를 기반으로 전개된다.[23] 다층적 거버넌스는 유럽연합을 일정부분 사회 내에서 가치의 권위적 배분 기능을 담당하는 정치적 단위인 정체(polity)로 상정하여 이안에서 국가를 비롯한 공적행위자와 사적행위자간 상호작용을 제시한다. 그러므로 정책과정 역시 초국가 수준에서 부과되는 공동정책 이외에도 정부간 혹은 범유럽 수준에서 여러 정책이 생성되고 이 과정에 다양한 행위자들이 참여한다. 이러한 이유는 유럽연합이 초국가에서 지방정부까지 다수준 정부로 정책결정 권한이 분산되어 있기 때문이다.

따라서 유럽연합의 정책과정이란 각료이사회(Council of the European Union)를 위시한 전통적인 정책결정자 이외에 시민사회의 선호를 구현하는 유럽의회와 지방정부 및 사회적 행위자들이 모두 관여하는 집단적 합의시스템이다. 이에 유럽적 문제가 국내정치화하고, 역으로 국내정치가 초국가 수준에서 논의되어지고 있다. 올센(J. P. Olsen)은 이러한 다층적 거버넌스 과정을 유럽관리공간(European Administrative Space) 혹은 신공적관리(New Public Management)라는 개념으로 설명한다.[24] 전통적인 공적관리는 국가라는 정부(government) 내에서 권위를 독점한 정치엘리트가 법을 해석하고 규제를 부과하는 위계적 거버넌스를 말한다. 그러나 유럽연합의 다층적 거버넌스는 전통적인 통치와 달리 공적·사적행위자들간 규범화된 프로그램을 통해 선호를 수렴화한 정치구조라는 것이다.

둘째, 유럽화라는 정치과정에서도 국가는 여전히 지정학적 경계 내에서 문제해결에 필요한 권한과 능력을 보유한다. 따라서 초국적 공공정책의 확장과 국민국가의 축소를 논리적으로 연결시킬 수는 없다. 물론 확장된 초국가 수준의 공적 영역은 전통적인 국민국가 패러다임을 변화시키고 있다. 특정 정책에서는 집행위원회와 각료이사회가 전통적인 국가의 기능을 대체해가면서 국민국가의 자율성이 점차 제약되고 있다. 실제 회원국의 국내 입법 중 경제 분야는 약 80% 그리고 사회분야는 약 50% 이상이 공동체법(Community Law)에 의거해 생성되는 것이 현실이다. 통상 및 농업정책은 그 예이다. 그럼에도 국민국가 패러다임은 여전히 유효하다. 단적으로 사회복지, 노동정책은 여전히 유럽연합의 간섭을 배제한 회원국정부의 고유한 몫이다. 동시에 초국적 거버넌스의 확장 속에서도 공동외교안보와 내무사법정책같이 정부간 합의에 따른 정책영역이 생성되고 있다. 그러므로 초국적 정책의 확장이란 결국 회원국정부가 국내에서 문제해결이 제약되거나 실효가 미비하다면 유럽연합으로 권한을 이전해 유럽적 수준에서 해결을 강구한 것으로 이해해야 한다.

암스테르담조약을 통해 정부간 조정을 통해 이루어지던 이민망명정책이 유럽연합의 초국적 정책이 된 것은 이러한 현실을 말해준다. 그러므로 이러한 발전과정은 초국가 수준에서의 사회적 통합과는 개념을 달리한다. 유럽연합에서 사회적 통합이란 초국가에서 회원국으로 부과되는 사회적 규정의 확장이다. 하지만 유럽화는 여러 수준에 위치한 행위자들이 유럽연합에서 부과되는 사회적 규정에 대응하거나, 유럽의 사회기제가 유럽연합과 회원국 차원에서 자발적으로 재조정되어가는 과정을 모두 망라한다. 이 경우 유럽화는 유럽연합으로의 제도적 수렴과 동시에 이러한 유럽화에 대응하여 국가 및 지역차원에서 분절화되어가는 정치와 제도를 모두 포함한다.

따라서 유럽화는 국가의 쇠퇴가 아니라 세계화에 대응한 유럽국가들의 전략적 선택으로 이해해야 한다. 즉 초국가 협력을 통해 국민국가 단위의 정치·경제 영역을 재조정하고, 단일의 초국가 규제를 통한 통합된 시장을 구성하고 운영하며 나아가 유럽차원에서 높은 수준의 환경규제 및 사회적 안전망 구축을 통해 국가의 실패를 보완하는 것이다. 이러한 변화는 유럽연합이 신자유주의 기조의 시장자유화가 야기한 글로벌 경쟁에서 우위를 점하려는 의도를 내포한다. 이에 따라 국가 내부에서는 국가주권과 전통적인 복지국가 시스템을 축소할 수도 있으며 경우에 따라 국가의 고유한 기능인 자원과 권한의 재분배 기능을 억제할 수도 있다. 회원국간 조세정책의 조정 등은 그 예이다.[25]

셋째, 유럽화는 초국가기구와 회원국정부 이외에도 지방정부와 다양한 사회적 행위자들이 망라되며 이들에 의해 전통적인 사회적 질서와 유럽적 정체성이 새롭게 조정되는 과정이다. 전술한 바와 같이 회원국정부는 유럽연합으로 권한이전을 통해 집단적인 문재해결을 꾀하고 있다. 동시에 국가내부의 하위행위자(SNA: Sub-National Authorities)가 여러 경로를 통해 유럽연합의 공공정책에서 분화된 지정학적 이익을 추구하고 있다. 이와 더불어 유럽차원에서 보다 공고한 계급간 연합을 통해 유럽적 시민사회가 형성되어가고 있다. 로자몬드(B. Rosamond)는 유럽연합이 정부간 공적인 상호작용 이외에도 다양한 행위자가 여러 수준에서의 사회적 상호작용을 통해 운영됨으로서 유럽화라는 복잡한 정치과정이 만들어 졌다고 말한다.[26] 이러한 원인은 다층적 거버넌스가 가져온 분권적 권한구조에서 비롯된다. 다층적 거버넌스 과정에서는 당위성과 권력의 원천이 조약에 명기된 초국가기구와 회원국의 권한 이외에도 정보, 조직화 및 전문화, 물적 재원 그리고 적법성 등으로 산포되어 있기 때문이다.

이와 같이 권력의 분화에 따라 권력과 이익 획득 경로 역시 국가 및 유럽연합 혹은 단일시장 등으로 분산되어 지방정부나 사회적 행위자들의 이익은 자동적으로 그들이 속한 국가로 한정되지 않는다. 이 결과 유럽연합에서는 국내정치와 국제정치간 경계가 모호해지면서 회원국 내부의 지방정부와 사회적 행위자들은 국경을 넘어 동일한 목적을 추구하는 국경 밖의 또 다른 지방정부 및 사회적 행위자와 연합하여 유럽연합의 정책과정에 개입한다. 이에 따라 유럽의 공공정책 영역과 통합된 시장에 존재하는 다양한 이해관계들이 갈수록 초국가로 수렴(convergence)되어 가고 있다. 이와 같이 유럽연합으로의 수렴과 동시에 회원국정부, 지방정부 및 사회적 행위자들은 유럽화에 대응하기 위해 다양한 제도적 조정을 꾀한다. 이에 따라 이들의 지정학적 혹은 사회적 이익은 고도로 분화(divergence)되어가고 있다. 따라서 유럽화는 이상적 목적이나 정체성을 공유하는 국가들간 합의뿐 아니라, 서로 다른 선호를 갖는 국가내부 시민

들의 사회문화적 다양성과 요구까지 반영한 복잡한 정치적 현상이다.[27]

올센이 제기한 초국가 수준의 공공관리 영역과 통합된 시장이라는 사적 영역이 융합된 신공적 관리라는 언명은 이러한 유럽화의 포괄적 성격을 강조한 것이다. 신공적 관리는 구조적 측면에서 분권화된 권한과 유연한 절차를 배경으로 이루어진 탈 중앙집중화된 공공행정 구조이다. 극단적인 경우 유럽화는 웨버리안(weberian) 관료조직과 사적 기업이 공동의 규제자로 결합한 목적지향적인 기능적 구조의 성격을 갖기도 한다.[28] 이러한 분권화된 공공관리는 글로벌 경제에 대응키 위한 유럽적 문제해결에서 비롯된 것이다. 이 경우 분화된 공공관리 영역마다 자기 충족적 이해를 추구하는 많은 관리자 즉 정책결정자들이 존재한다. 이들은 다양한 영역의 이익을 관철하는 대리인(agent) 혹은 대표자(delegation)들로서 이들 상호간에는 수평적 경쟁과 계약 관계에 따른 유연화된 합의시스템이 작동한다. 또한 경우에 따라서는 논란의 여지가 적은 비정치적인 이슈에서 상호간 벤치마킹을 통해 수요자의 요구를 충족시킨다.

결국 신공적 관리는 초국가, 국가 그리고 사회적 행위자들이 유럽이라는 지정학적 경계 내에서 보다 효과적인 공공관리 시스템을 꾀한 것이다.[29] 즉 이들은 통합된 시장에서 보다 효과적인 규제적 조치를 위해 국가중심의 비효율적인 공적 관리 기능을 대치한 것이다. 유럽연합의 경쟁정책, 무역정책 및 단일시장정책의 탈국민국가화는 이러한 맥락을 말해준다. 표면상 이러한 구조는 유럽연합으로부터의 위계적 규제 부과에 따른 국내 규제구조의 변화를 요한다. 이 경우 유럽연합의 규범이 기능적으로 보다 우월하며 동시에 국가 내부의 반대집단을 설득할 적법성을 갖춘 경우에 국내제도와 규제구조의 변화는 보다 용이하게 진행된다. 경우에 따라 회원국정부는 유럽연합으로부터의 위계적인 규정 부과 이외에도 자발적인 모방과 수용을 통해 국내정책을 유럽적 규제에 맞춘다. 환경 및 산업계의 안전규정, 소비자보호정책 등은 대표적 예이다.[30] 물론 유사한 대외적 압력에 대응하여 각 회원국들이 나름의 제도적 대응을 취할 수 있다. 그럼에도 이러한 경우에도 개별국가의 대응이 결과적으로 유사한 규제구조를 갖는다면 초국가 수준에서 수렴화된 단일규정을 수용하는 것이 보다 효과적이다. 회원국들이 독립적으로 시행하는 이민망명정책이 초국가화 되어가는 과정은 이러한 상황을 말해준다.

결론적으로 유럽화는 유럽연합과 회원국간 제도적 조응이며, 사회적 행위자들까지 참여하는 상호의존적인 제도화 과정이다. 단적으로 유럽연합의 입법과정은 정책결정자들만의 독단적 권한이 아니다. 오히려 이는 지역과 사회 내에 존재하는 정치적 행위자들간 정보의 교환과 합의과정이라는 성격이 보다 강하다. 물론 시장, 환경, 기술규정 및 인권과 같은 탈국경화된 이슈가 증대하면서 회원국 나름의 입법구조는 점차 초국가된 정치적 협상과 법적 구조에 영향 받거나 연계되어가고 있다. 그러나 유럽연합에서의 입법은 최소한 2개 이상의 제도적 기구가 관여하거나 연계되어 있으며, 지방정부와 사회적 행위자들까지 참여한다. 유럽연합의 입법과 공동정책이란 정부간 협상 뿐 아니라 유럽차원의 지역적, 사회적 행위자들간 여러 수준에서 이루어지는 합의과정이기 때문이다. 따라서 유럽화는 초국가로의 위계적인 수렴과정으로 모두 환원할 수는 없으며 국가, 지역 수준에서의 분화된 제도적 조정을 모두 포함한다. 이러한 모든 과정은 유럽화의 가장 두드러진 제도화 과정이다.

2. 분화된 제도적 조정과 권한 : 신지역시스템

1990년대 이후 유럽연합에서 전개되고 있는 새로운 지역시스템은 지방정부라는 새로운 공적행위자의 유럽적 권한과 선호의 확대를 가져온 배경이며 유럽화의 특징적인 양상을 낳은 주요한 동인이다.

지역(region)은 지정학적 경계로 구분된 물리적 공간(space)과 독립적인 정치·경제적 시스템을 갖는 지역단위(regional unit)로 구분할 수 있다. 키에팅(M. Keating)에 따르면 지역이란 매우 불명확한 개념으로, 다양한 지역의 수준과 사회적 관계를 모두 망라한다고 말한다. 따라서 최소한의 개념에서 지역을 정의내리면 중앙과 지방(locality) 사이의 모든 정치경제 및 사회적 단위이며, 각각이 독립적인 사회적 상호작용이 이루어지는 곳을 말한다.[31]

area, landscape, territory, local 그리고 region은 모두 지방 혹은 지역을 지칭하는 용어들이다. 그러나 엄밀한 의미에서 area와 landscape는 단순한 물리적 공간개념으로 의미를 한정할 수 있다. 반면에 territory, region 및 local은 지정학적 경계 내에서 행위자들간 상호작용에 의해 만들어진 정치·사회적 단위를 말한다. 이러한 정치·사회적 단위는 시간이 경과하면서 그 성격이 유동적으로 변화한다. 이와 같은 용어상의 정의를 통해 지방정부 혹은 지역행위자와 같이 정치·사회적 단위로써 지역의 제 특징을 논할 때는 territory, region 및 local 등의 용어와 개념이 적용된다.

슈미트에그너(P. Schmitt-Egner)는 유럽적 맥락에서 지역시스템은 지정학적 공간(space), 지역의 기능(function), 지역의 규모(scale), 그리고 사회적 행위가 이루어지는 이슈영역(subject matter)의 4가지 조건을 통해 이루어진다고 말한다. 이러한 슈미트에그너의 주장을 정리하면 다음과 같다.

첫째, 지정학적 공간(space)은 단순한 물리적 공간뿐 아니라, 행위자들 간 수직·수평적 상호작용이 이루어지는 지정학적 단위(partial unit)를 말한다. 이러한 지정학적 단위는 여타 지역단위와 수평적인 상호작용 관계에 있으며 동시에 국가 혹은 초국가와 같은 상위 정부와 위계적 관계에 위치한다. 둘째, 지역의 기능(function)은 상위의 정체(polity)와 이보다 작은 하위단위의 지역을 연계하는 조정능력을 말한다. 기능은 또한 각 지역이 고유한 이익을 실현하기 위한 정치·경제적 활동을 포함한다. 셋째, 지역의 규모(scale)는 영토와 인구 등의 크기를 말하는데 학문적 연구의 대상으로 지역은 일정한 물리적 공간을 점하고, 내부에서는 독립적인 운용시스템이 존재하는 지역단위를 말한다. 끝으로, 이슈영역(subject matter)은 역사적·사회적 상호작용에 의해 만들어진 지역적 경계(territory) 내의 지역(region)과 국가(nation)를 말하며 각기 차별적 성격을 갖는다.

이러한 지정학적 공간, 지역의 규모와 기능 그리고 이슈영역은 지역시스템(regional system)을 구성하는 필요조건이다. 나아가 지역시스템 내부에서는 다음과 같은 하위 조건이 상호 연계되어 시스템의 성격이 결정된다. 여기서 하위 조건은 사회경제적 자원과 공적제도 및 문화적 상징 등과 같은 지역프로그램, 다양한 형태의 구성과 기능을 갖는 지역행위자, 지역행위자간 상호작용 공간이며 그 단위로서 지역구조 그리고 지역구조 내 지역행위자간 수직·수평적 상호작용이 이루어지는 시스템 환경 등을 망라한다.

먼저 지역프로그램은 초국가, 국가 및 지방정부 수준의 공적 제도와 지역 수준의 정치문화와 정체성 등을 통해 사회경제적 자원을 생산하는 기능을 갖는다. 이러한 지역프로그램은 지역의 정치·사회구조에 대한 경쟁력을 좌우한다. 유럽적 맥락에서 지역의 정치·사회구조 경쟁력이란 주로 글로벌 경제와 단일시장에서의 무역 및 산업 경쟁력을 말한다.

나아가 지역시스템을 구성하는 지역행위자, 지역구조 및 시스템 환경은 지역행위자를 중심으로 상호 연계되어 있다. 지역구조 내의 다양한 공적·사적행위자들은 전술한 경쟁력 확보를 위해 국경을 넘어 수평적으로 연계하거나, 국가 혹은 초국가와 수직적 관계를 통해 유럽차원의 독특한 지역시스템을 만들어낸다. 엄밀한 의미에서 사회과학에서 접근하는 지역연구는 행위의 단위로서 지역(region as an action unit)을 규명하는 것이다. 행위단위로 지역구조를 고려하면 행위자에 대한 연구는 주로 의회와 정책결정자와 같이 제도적, 법적 근거에 따라 사회적 대표성을 갖는 공적행위자에 집중된다. 여기서 집단적 이익을 취하는 행위자는 대표성 원칙에 따라 공식적 정책결정과정에 참여하는 공적 기구로 제도와 법, 문화적 상징 등에 의해 대표성을 인정받은 지역적 행위자이다. 이들은 지역 내에서 집단이익을 대표하는 행위자(collective actors)로 또 다른 지역에서 집단이익을 대표하는 행위자와 수평적 연계를 형성하거나, 초국가 및 국가와 수직적으로 결합한다.[32]

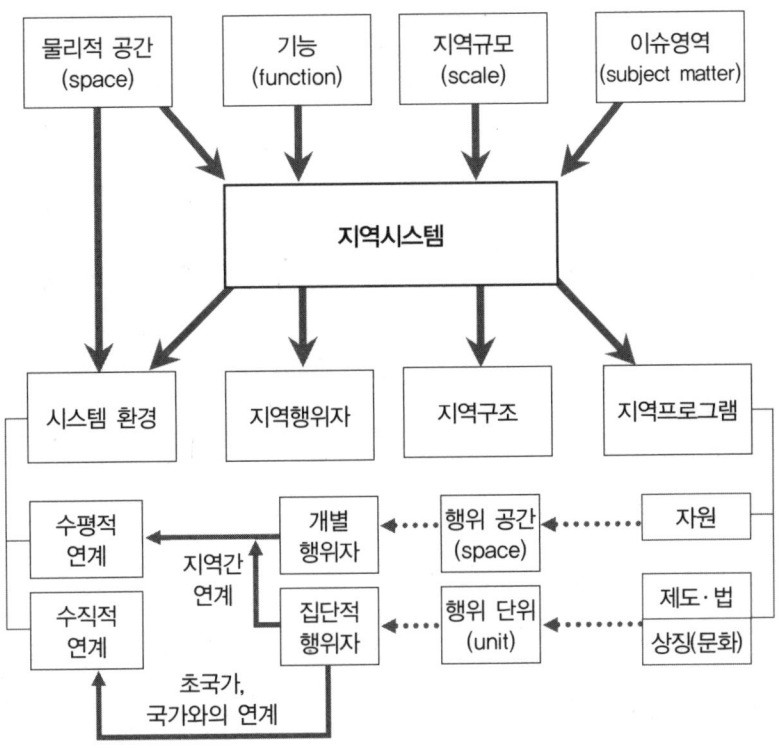

출처: Peter Schmitt-Egner (2002), "The Concept of 'Region': Theoretical and Methodological Notes on its Reconstruction," *Journal of European Integration*, Vol. 24, No. 3, p. 182.

여기서 지역학(regional studies)은 행위의 공간으로서 지역(region as an action space)을 다룬다. 앞서 언급한 행위단위(action unit)는 법적 혹은 정치적 차원에서 제기된 주권에 따라 그 경계가 만들어진다. 반면에 행위공간(action apace)은 정치·행정적, 사회경제적 혹은 문화적 차원의 경계를 모두 포괄한다. 따라서 행위단위는 내부에 여러 행위공간을 포함하지만 행위공간이 여러 행위단위를 포함할 수는 없다. 지역학에서는 행위의 공간인 지역 내에서 개별 행위자(individual actors)와 공적 지위를 갖는 사회적 행위자(social actors)간 수평적 연계가 주요 관심영역이다. 여기서 개별 행위자는 지역프로그램에 참여하는 개별적인 시민과 이익집단 및 기업을 말한다. 물론 사회단체, 및 노조 등도 공적 임무를 수행하는 집단적 행위자이다. 하지만 이들은 모두 지역프로그램의 정책결정과정에서 공적 지위를 갖지 못하므로 집단이익을 대표하는 행위자와는 구분된다.[33] 이들은 공적 권한을 보유한 사회적 행위자의 보편적인 지역적 이해관계와 달리 행위 공간인 지역 내에서 그들의 고유한 이익만을 대표하기 때문이다.

이와 같이 유럽적 지역시스템의 구조와 과정을 고려하면 유럽에서 지역주의(regionalism)는 지역행위자가 지역구조 내에서 지역프로그램을 통해 지역 내외부에서 경쟁력을 높이는 정치경제적 활동으로 이해할 수 있다. 여기서 유럽연합의 지역정책(regional policy) 혹은 결속정책(cohesion policy)은 지역프로그램을 통제하고 수행하기 위한 대표적인 정책이다.[34] 이러한 지역시스템을 구성하는 제 조건들을 통해 유럽연합에서 지역 개념을 전통적, 탈근대적 그리고 탈국경적 지역주의 혹은 지역시스템으로 그 성격을 범주화할 수 있고 지역시스템의 이행과정을 통해 유럽화의 특징적 양상을 이해할 수 있다.

첫째, 자치권을 갖는 행위단위(action unit)로 지방정부에서부터 국가간 연합까지 위계적인 배열로 구성된 지역이다. 이러한 전통적 지역시스템은 문화적, 민족적 정체성에 따른 지역적 분리로써 벨기에의 플랑드르(Flanders), 프랑스의 코르시카(Corasica) 및 스코틀랜드 지역을 거론할 수 있다. 이중 역사적, 사회적 동질성이라는 정체성에 따른 대표적인 지역적 분할을 거론하면 스페인의 까딸로니아(Catalonia) 및 바스크(Basque)를 꼽을 수 있다. 전통적 지역주의는 인위적으로 생성된 기능적 연계보다 자생적인 연대감과 민족의식을 토대로 성립된 곳이다. 중요한 점은 이러한 내부적 공고성을 통해 물리적 자원 동원이나 제도적 기반이 여타 지역적 범주에 비해 용이하게 이루어진다는 사실이다. 그러나 이러한 전통적 지역시스템은 통합의 진행에 따라 경제사회적 차원의 탈중앙집중화와 같은 구조적 이익추구 양상으로 점차 변화되어가고 있다.

둘째, 탈근대적 지역시스템은 전통적 지역주의와 달리 글로벌 경제에서 생산과 기술우위를 점하기 위한 지역수준의 전략적 대응이다. 이는 사회경제적 구조에 따른 지역 분류로 산업지역과 같이 특정의 기능적 목적을 취하는 인위적인 지역을 말한다.[35]

셋째, 탈국경적 지역주의에서는 국가 내 하위정부가 국경을 넘어 여타 하위정부 및 이익집단과 연합하여 국가와 유럽연합 수준에서 각기 다른 지역적 이익을 추구한다. 유럽적 맥락에서 탈국경적 지역시스템은 통합의 심화와 확장에 따른 자연발생적 지역주의 성격을 갖는다. 그럼에도 점차 지방정부는 지역위원회를 통하여 초국가 수준에서 공적 권한을 행사하거나, 지방정부와 집행위원회간 협력이 공고화 되면서 탈국경적 지역주의는 유럽연합 차원에서 제도화되어가고 있다.[36]

한편 유럽적 맥락에서 지역시스템의 복잡한 메커니즘은 정치, 사회·경제 그리고 문화적 차원의 행위공간으로서 그 특징을 이해해야 한다. 정치적 차원에서 유럽적 지역시스템은 규제(경쟁정책), 분배(연구개발 및 과학기술정책) 그리고 재분배(구조기금)의 기능을 수행한다. 연구개발 및 과학기술 정책이 분배적 기능을 담당하는 것은 본 정책이 유럽연합과 회원국간 협

표 3 ▶ 유럽연합 내 신지역주의 양상

	전통적 지역시스템	탈근대적 지역시스템	탈국경적 지역시스템
연계 동인	• 동질적 정체성	• 행정단위	• 사회경제적 구조
행위자	• 정치가 • 사회단체	• 기업 • 기술관료	• 국가 내 하위정부 • 이익집단
지정학적 범위	• 국가 내 하위정부	• 국가 내 산업지역	• 국가 내 하위정부 • 국경을 넘어 연계된 지역 • 초국가 영역
지역프로 그램 목적	• 공적 제도화를 위한 상징(문화)의 생산 • 내부적 결속 • 내·외부의 균형적 결속	• 사회경제적 발전 • 외부적 결속 강화	• 사회경제적 발전 • 공적 제도화 구축
대외적 목적 및 이슈	• 경제적, 문화적 자주성 • 분권화	• 글로벌 경제에서 경쟁력 • 탈중앙 집중화	• 연방정부로의 영향력과 자율권 • 초국가기구로의 영향력
실례	• 국가내부의 이질적 민족 및 문화권	• 탈국경적 지역간 협력	• 국경과 무관한 산업지대 간 전략적 연합

출처: Peter Schmitt-Egner (2002), "The Concept of 'Region': Theoretical and Methodological Notes on its Reconstruction," *Journal of European Integration*, Vol. 24, No. 3, p. 185 및 189. 취합.

력을 통해 국가간 기술격차를 완화하여 균등한 부의 분배를 의도하기 때문이다. 나아가 사회·경제적 차원에서 유럽적 지역시스템은 기업, 경제 관련 단체, 산업조직, 노조, 및 지역경제기구 등이 망라되어 지역수준에서 기술과 자원의 재생산을 꾀한 것이다. 이러한 사회경제적 차원의 유럽적 지역시스템은 지역경제를 경계로 경제발전 수준, 노동이동, 산업네트워크의 구성 등에서 차이를 갖는다. 끝으로 문화적 차원에서 유럽적 지역시스템은 지역행위자간 문화적, 역사적 정체성을 통해 집단적 정체성이 존재하고 다른 행위공간과 구분된다는 지역행위자의 자의식을 배경으로 성립되었다.[37]

이러한 개념들을 종합하여 행위공간으로 유럽연합에서 관찰되는 지역시스템 혹은 지역주의의 특징을 다음과 같이 기술할 수 있다. 유럽연합 내에서 지역시스템 혹은 지역주의는 동질적 정체성을 배경으로한 전통적 지역시스템과 행정단위로 분할된 탈근대적 지역시스템이 점차 사회경제적 이익을 추구하는 탈국경적 지역시스템으로 변화하고 있다. 이러한 이행과정에는 한축에서 통합된 시장에서 각 지역의 이해관계 추구와 또 한축에서는 유럽연합이 갖는 통치의 복잡한 구조적 조건이 자리 잡고 있다.

탈국경적 지역시스템에서 각 지역이 추구하는 이익과 자원동원 능력은 분산화 되고 비정형화되어 있다. 이러한 이유는 각 지역이 추구하는 이해관계가 초국가와 국가 및 단일시장으로 분산되어 있고 지역간 사회경제적 격차가 존재하기 때문이다. 이와 같이 통합된 시장과 분권화된 주권이 공존하는 유럽연합에서 지방정부가 경제적 이익을 추구하기 위해서는 유럽연합과 국가라는 양 수준에서 정치적 선호를 구현해야 한다. 한편 유럽적 지역시스템의 이행과정은 초국가와 국가내부에서 동시 병행적으로 야기된 제도와 권력관계의 변화를 통해 이루어진다. 유럽연합은 국민국가 패러다임이 여전히 존속하면서도 각 지방과 지역수준의 지정학적 정치가 유럽정치의 특징적 양상을 만들어가고 있다. 전술한 바와 같이 이러한 새로운 지정학적 정치가 태동한 가장 큰 요인은 단일시장의 완성에서 비롯되었다. 단일시장의 완성으로 각 지방단위의 지역경제는 더 이상 국가단위의 시장체제에 보호받을 수 없게 되었기 때문이다. 시장통합으로 기존에 국가와 국가내부에서 지역별로 분할된 시장이 유럽차원의 단일규제에 구속되면서 각 지역간 산업 경쟁력과 투자확대가 사활적 문제로 대두되었다.[38] 실제로 단일유럽의정서 체결 이후 각 지방정부는 유럽연합의 정책과정에 개입하여 지역적 이해와 대표성을 관철하는 것이 자연스러운 현상이 되었다. 특히 유럽연합에서 대표적인 재분배 정책인 결속정책의 경우 이러한 현상은 보다 뚜렷하게 전개되었다.

결국 지역시스템의 이행과정에는 유럽정치에서 공적 권한을 확대하여 새로운 통합의 주제로 등장한 지방정부가 핵심적인 행위자로 위치한다. 이에 따라 1990년대 이후 정치학계에서는 유럽의 정치시스템에서 공적 권한을 확대하는 국가 내 하위행위자에 대한 관심이 증폭되어 왔다. 초기 국가 내 하위정부에 대한 학문적 관심은 전통적인 중앙-지방관계의 변화와 국가 내 하위정부가 참여하는 유럽연합 내 여러 수평적인 정책네트워크에 집중되었다. 이에 따라 국가 내 하위정부에 대한 연구는 곧 다양한 수준에 위치한 여러 정부가 정책네트워크로 연계된 다층화된 거버넌스에 대한 연구와 맥락을 같이하였다. 막스(G. Marks) 같은 학자는 다층적 거버넌스에서 정책결정은 지방정부를 포함하여 여러 층에 걸쳐 산재한 정부들이 경쟁적인 선호구현을 통해 정책을 결정한다는 점에서 그 실례를 결속정책에서 찾았다.[39]

결속정책은 유럽연합의 권한 분산체제에서 지방정부가 초국가기구 및 국가와 더불어 공적행위자로 위치한다는 실증적 사례이다. 동시에 결속정책은 대개의 회원국에서 중앙정부의 지배적 권한이 지방과 분권화된 권한 공유체제로 가고 있다는 사실을 보여준다. 결속정책의 경우 유럽연합의 정책결정 과정에 여러 수준에 위치한 정부가 참여할 수 있도록 유연한 합의구조가 구축되어 있다. 따라서 본 정책과정에서는 회원국의 중앙정부는 지방정부와 더불어 일단의 행위자 중 하나로 위치한다. 여기에 집행위원회는 특별히 결속정책의 집행과정에서 국가 내 하위정부와 동반자 관계를 통해 정책네트워크를 꾸준히 확장하여 초국가와 지방간 협력이 점차 제도화되었다. 이러한 결속정책의 결정과 집행을 볼 때 유럽화는 회원국 중앙정부의 권한 위임과 더불어 초국가 정책결정과정에 개입하는 지방정부와 집행위원회간 다양한 정책네트워크의 확장이 맞물리면서 야기된 것임을 알 수 있다.

이와 같이 유럽적 지역시스템은 초국가에서 지방정부까지 수직적으로 배열된 여러 정부와 지역간 탈국경적인 수평적 연계가 복합적으로 구조화된 것이다. 이러한 현상은 유럽연합, 국가, 지방정부 뿐 아니라 단일시장 내 경제적 행위자까지 망라되어 다중적 이해관계들이 정책네트워크를 통해 구현되는 복잡한 현상이다. 따라서 새로운 유럽적 지역시스템은 국가간 주권협상이라는 전통적 통합방식과는 다른 통합현상이다. 중요한 사실은 유럽적 지역시스템은 지방정부의 공적권한 확대와 맞물려 발전하였으며 이는 곧 다층화된 유럽적 거버넌스의 배경이 되었다는 점이다. 즉 새로운 유럽적 지역시스템을 배경으로 1990년대 들어 제기된 지방의 유럽(Europe of the Regions)은 다층적 거버넌스의 태동과 밀접한 연관성을 갖고 유럽화의 특징적 양상을 만들어낸 동인이다.

더불어 새로운 지역시스템과 이에 따른 유럽화의 특징적인 양상들은 초국가 수준의 제도변화와 동시에 진행되어 왔다. 단적으로 1992년 마스트리히트조약에 명기된 보충성의 원칙은 명시적인 제도발전 결과이다. 보충성은 국가 및 지역 혹은 지방수준에서 효과적으로 기능을 수행할 수 없는 경우 혹은 초국가 수준에서의 결정과 집행이 보다 효과적일 때에만 유럽연합이 그 기능을 수행한다는 원칙이다.[40] 중요한 사실은 보충성 원칙에 따라 유럽통합은 하위정부 수준에서 시민들에게 보다 밀접한 관계를 맺고 진행되어야 한다는 암묵적인 합의를 만들어 냈다는 것이다. 따라서 보충성 원칙은 지방정부가 유럽통합과정에서 그들의 의사를 관철하고 권한을 행사할 수 있는 제도적 근거로 작용하였고. 이 결과 통합이 진척될수록 유럽연합에서는 초국가로부터 지방정부까지 다양한 층(multi-tier)으로 이루어진 권한의 분산을 가져왔다.

결론적으로 유럽화는 새로운 유럽적 지역시스템이 가져온 지방정부의 공적 권한 확대와 이에 따른 국가 및 국가 내 하위정부로의 권한의 분산에 따른 것이다. 또한 유럽화의 배경에는 초국적 제도변화와 이에 따른 국가와 지방정부의 초국적 제도로의 수렴이 자리 잡고 있다. 이러한 유럽화는 전략적인 사고에서 비롯된 유럽적 프로젝트의 성격을 갖는 것이 아니다. 다시 말해 유럽화는 신기능주의 시각에서 말하는 보편적이며 점진적인 발전을 통한 유럽합중국(United States of Europe)식의 정치통합의 길이 아니다.[41] 오히려 이는 쉥겐협정과 유로화의 도입, 단일시장의 완성과 병행된 결속정책과 같은 재분재정책의 확장 등과 같은 경로의존적인 제도발전의 결과이다.

제3장

유럽화의 사례 (결속정책) :
유럽연합과 지방정부간 연합

1. 분산된 지정학적 이해의 결합 : 결속정책의 발전

결속정책은 초국가, 국가, 지역 수준에 존재하는 각기 다른 정부가 정책네트워크를 통해 공동으로 정책을 결정하고 시행하는 다층적 거버넌스를 배경으로한 유럽화의 주요한 단면이다. 결속정책은 다수준의 행위자들이 국민국가 패러다임이라는 전통적인 정치구조를 벗어나 어떠한 방식으로 집단적인 행위를 하는가? 혹은 이 과정에서 행위자간 경쟁과 갈등은 어떠한 양상으로 전개되는가? 나아가 누가 지정학적 이해를 대표하며, 지정학적 정체성이란 무엇인가에 대한 실체를 보여준다.[42]

결속정책은 다수준의 위치한 정부들이 수평적으로 연계된 다층적 거버넌스 및 유럽화의 가장 특징적인 과정이며 구조이다. 결속정책의 재원인 구조기금(Structure Fund)의 공동운용은 집행위원회, 회원국정부 및 지방정부가 자원 동원을 극대화하기 위해 권한의 효과적 배분을 강구한 결과이다. 동시에 이는 정책의 대상인 각 지방정부가 정책결정에서부터 집행에 직·간접적으로 관여하는 민주적 의사결정 구조를 꾀한 것이다. 이와 같이 결속정책에서는 각 정부간 상호작용은 차별적인 정치적 능력에 구속되지 않고 단지 기능적 산출에 입각하여 이들간 권한배분과 위임이라는 수평적 관계만이 존재한다. 따라서 결속정책은 초국가와 국가내부라는 양 수준에서 행위자간 상호연계 필요성에 따라 유럽연합과 회원국 정부 그리고 국가 내 하위정부 등의 이해가 융합된 유럽화의 특징적인 구조라 할 수 있다. 구체적으로 유럽연합의 공공정책에 지방정부가 공적 행위자로 참여하는 이유는 다음의 3가지 차원에서 논할 수 있다.

첫째, 지방정부는 확장된 유럽정체 내에서 문제해결을 꾀하는 독립적인 사회·경제적 단위가 되었다. 유럽연합에서 사회경제정책이 점차 확장되면서 국가내부 행위자들은 중앙정부를 경유치 않고 초국적 정책과정에 직접 개입하게 되었다. 이와 같이 국가 내 하위정부가 초국적 정책과정에 직접 개입하는 것은 정책시행 대상이 되는 행위자가 직접적으로 선호를 투입하고 정책시행으로 야기될 갈등을 사전에 억제할 수 있는 자연스런 관계양식이다. 현대 정치에서 중앙정부의 정치적 권한은 하위행정단위들의 권한과 맞물리는 제로섬 게임이 아니다. 특별히 유럽연합의 경우 농업 및 경쟁정책과 같이 특정 영역에서 국가는 국내시장에서 자원의 재 할당을 조정하는 권위적 결정기구가 아니라 초국적 정책과정에 참여하는 국내 행위자의 후견인으로 위치한다.

둘째, 다층적 거버넌스는 다행위자시스템에 의해 다수준의 정부가 개입하는 집단적 문제해결 기제이다. 이에 유럽연합의 공공정책에서 중앙과 지방은 위계적 권력관계만으로는 파악할 수 없다.[43] 유럽연합이 특정 정책영역을 제외하고 대개의 초국적 정책시행을 회원국정부에 위임한 것은 이들이 정책시행에 요구되는 정치적, 헌정적 자원을 보유하기 때문이다. 이러한 논리로 지방정부 역시 초국적 정책시행을 위해 필요한 자원을 보유한다면 정책시행 주체로 기능할 수 있다. 이 경우 유럽연합은 국가를 경유하여 다시 지방정부에 미치는 정책단계를 생략함으로 거래비용의 축소를 가져온다. 그러므로 다행위자시스템은 다수준의 정부에서 존재하는 행위자간 직접적인 거래와 선호조정을 통해 정책결정의 효율성을 제고하는 시스템이라 할 수 있다.[44]

셋째, 1980년대 이후 집행위원회와 회원국 내 지방정부간에는 제도화된 관계가 성립되었다. 표면상 이러한 변화는 조약수정 및 생성 등 일련의 제도변화를 통해 지방정부가 유럽연합의 초국가 정책과정에서 공적 권한을 획득하였기 때문이다. 유럽연합조약을 통해 지방정부의 대표로 구성된 자문기구인 지역위원회가 만들어진 것은 단적인 예이다. 그러나 유럽연합에서 높아진 지방정부의 위상은 제도화된 권한보다 오히려 집행위원회-지방정부간 고도화된 자원과 정보의 교환관계 성립에서 보다 큰 원인을 찾을 수 있다. 집행위원회의 입장에서는 지방정부와의 정책네트워크는 구조기금의 세부 프로그램 진행과정에서 지방정부로부터의 정치적 지지와 기능적 협력을 얻어낼 수 있는 주요한 통로이다. 또한 이러한 정책네트워크를 통해 집행위원회는 회원국의 중앙정부에 대한 일방적 의존을 회피할 수 있다. 지방정부 역시 집행위원회와의 정책네트워크를 통해 결속정책이외에도 여타 정책영역에서 정치적 지지를 확보하고 용이하게 정보를 획득할 수 있다.[45] 그러므로 유럽연합과 지방정부간 연합은 초국적 통치의 효율성을 제고한다는 당위적 귀결이라 할 수 있다.

황금의 삼각지(golden triangle)라 일컫는 런던, 도르트문트(Dortmund), 파리 그리고 밀라노를 잇는 유럽의 북동부 지역은 유럽연합의 정치·경제적 중심지이다. 반면에 2004년에 새로이 가입한 대부분의 동유럽 국가와 기존 서유럽 내에서 이탈리아 남부, 스페인, 포르투갈, 북아일랜드 및 구동독지역은 대표적인 사회경제적 낙후지역이라고 할 수 있다. 이와 같이 현존하는 지역간 사회경제적 격차를 반영하여 유럽연합은 결속정책의 목적을 결속(cohesion) 즉 '경제사회적 발전을 통해 지역간 비대칭적 요인을 최소화한다.'라고 정의내리고 있다.[46] 결속정책은 구조기금을 통해 이루어지는 다양한 지역프로그램을 망라한다. 결속정책의 전신인 지역정책은 로마조약 설립 때부터 운영되어온 오래된 공동정책이었는데 1980년대 말에 이르러 단일시장계획이 본격화되면서 그 중요성이 재조명 되었다. 단일시장이 완성되면 기존에 사회경제적 낙후지역은 물론이고 시장경쟁력이 뒤쳐진 지역들은 큰 어려움을 겪게 된다는 것은 명확한 사실이다.

이에 따라 유럽연합은 1988년부터 기존 지역정책과 여러 유럽연합 내 공공기금을 통합하여 결속정책으로 확장하였다. 전술한바와 같이 결속정책의 주 대상은 물론 경제사회적으로 낙후된 지역이다. 하지만 유럽연합은 지역간 비대칭적 요소를 줄인다는 결속정책의 취지에 맞추어 언어권으로 분리된 벨기에 내 지역과 같이 국가내부에서 이질적 요소를 갖는 지역 및 공동체까지 정책대상을 확대하였다.

구체적으로 결속정책의 목적은 유럽연합조약 130조a(TEU Article 130a)에 명기된 바와 같이 '경제사회적 결속(economic and social cohesion)'이다. 조약 내용에 따르면 본 정책의 목적은 매우 포괄적이며 모호한 성격을 갖는다.[47] 그러나 정치적 차원에서 결속정책의 목적은 유럽연합 내에서 상대적으로 낙후된 국가와 지역에 대한 일종의 물리적 공여를 통하여 국가간 경제사회적 격차를 해소하는 것이다. 회원국이나 각 지역간 경제사회적 결속은 주요한 사회적 이슈인 동시에 정치적 목표이다. 각 회원국의 경제발전 정도나 중앙에 대한 지방정부의 상대적인 자율성 혹은 자치권의 정도 등 여러 요인을 고려한다면, 각 지역간 경제사회적 격차는 피할 수 없다. 문제는 이러한 지역간 격차가 통합과정에서 이루어진 정치적 프로젝트에 의해 보다 심화될 수 있다는 점이다. 이에 따라서 회원국과 각 지역간 경제사회적 결속을 실현한다는 결속정책의 목적은 실제 현실정치에서는 통합과정에서 불이익을 받는 지역에 대한 물리적 공여라는 정치적 성격으로 변모하였다.

이러한 정치적 목적에 기인하여 결속정책은 그 동안 통합과정에서 불이익을 받는 지역에 대한 부차적 보상(side-payments) 그리고 일부 회원국의 정치적 용인이라는 두 가지 독립변수가 결합될 때 예산이 확대되고 개혁조치가 뒤이었다. 실제로 1957년 공동시장(common market) 창설, 1973년 당시 유럽공동체의 1차 확대, 1986~1987년 스페인, 포르투갈의 가입과 단일시장계획 그리고 1992년 경제화폐동맹의 본격적 출범 및 동유럽확대와 같은 주요한 정치적 프로젝트가 논의될 때마다 불이익을 받는 회원국과 지역의 강력한 정치적 저항이 따랐고, 이 과정에서 결속정책의 대대적 개혁이 전개되었다. 1957년 공동시장과 동시에 출범한 유럽사회기금(ESF: European Social Funds)에서부터 1975년에 아일랜드의 유럽공동체 가입을 계기로 만들어진 유럽지역발전기금(ERDF: European Regional Development Fund), 1988년 단일시장계획과 병행된 구조기금 개혁 그리고 1993년 경제화폐동맹을 앞두고 이루어진 결속정책의 개혁은 본 정책이 갖는 정치적 의미와 무관하지 않다.[48]

전술한 바와 같이 결속정책의 뿌리가 되는 유럽연합 차원의 지역정책은 오랜 연원을 갖고 있다. 1950년대 이후부터 60년대 말까지 당시 유럽공동체 회원국 6개국간 GDP 격차와 지역간 비대칭적인 발전은 향후 경제통합의 완성과 정치통합의 발전을 가로막는 가장 큰 장애로 인식되었다.[49] 이러한 인식을 배경으로 이미 1950년대부터 유럽석탄철강공동체(ECSC: European Coal and Steel Community)는 지역발전을 위한 산업구조 조정과 재교육프로그램을 지원하여 왔다. 유럽연합 또한 공동농업정책(Common Agricultural Policy)을 통해 지역정책의 성격을 갖는 기금을 운영하였다. 이후 1969년에 이르러 집행위원회가 공동지역정책(Common Regional Policy)을 제안하지만 회원국들의 외면으로 실현되지는 못하였다. 하지만 1970년대 초 영국, 아일랜드 그리고 덴마크가 회원국으로 가입하면서 유럽연합에서는 지역간 경제사회적 편차가 표면화되기 시작하였다. 당시 회원국중 가장 낙후된 아일랜드 뿐 아니라 영국 역시 국가 내부에서 많은 지역적 경제사회적 불균형이라는 문제를 안고 있었다.

물론 기존 회원국 중에서도 이탈리아 역시 남북간 경제사회적 격차가 항상 국내정치의 주요 이슈 중 하나였다. 이러한 국가들의 적극적인 요구에 따라 1973년에 집행위원회는 톰슨보고서(Thomson Report)를 제출하였다. 본 보고서에서는 지역간 경제적 격차는 공동시장과 경제화폐동맹 설립을 저해함으로서 로마조약이 명기한 공동체 목적 달성의 걸림돌로 작용한다는 내용을 담았다. 이후 본 보고서를 배경으로 1975년에 이르러 회원국정부는 유럽지역발전기금을 창설하였다.

초기에 구조기금을 포함한 지역정책은 유럽공동체 회원국 중 1인당 GDP가 상대적으로 낮은 국가 및 지역에 대한 일종의 보상차원의 시혜적 성격을 가졌다. 이는 물론 부국에서 빈국으로 부의 재분배이다. 동시에 본 정책은 여타 정책과 함께 묶여지는 일괄타협(package deal)의 형식을 통해 다른 공동정책에 따라 회원국의 이익이 엇갈리는 문제를 보완하는 부차적 보상의 성격을 지녔다. 단적으로 1973년에 유럽공동체에 가입한 영국은 프랑스를 위시한 여타 회원국이 공동농업정책을 통해 막대한 보조금을 지급받는다는 이유로 이에 상응하는 반대급부를 요구하였다. 이러한 영국의 요구가 관철된 것이 1975년에 만들어진 유럽지역발전기금이다. 이와 같이 결속정책으로 성격이 바뀐 1980년대 중반에 이르기까지도 지역정책은 회원국간 철저한 정치적 협상영역에 위치하였다.[50]

당시 기금창설과정에서는 회원국마다 상이한 행정단위에 따라 지역(region)의 범위를 설정하는 문제에서부터 의견이 분분하였다. 유럽연합의 지역들은 독일과 오스트리아의 주정부(Länder)부터 프랑스의 많은 지방행정단위까지 지역의 크기 뿐 아니라 중앙-지방간 권력관계나 재정자립도 등에서 큰 편차를 갖고 있다. 그럼에도 당시 모든 회원국들은 지역정책에 대해 다음과 같은 공통의 선호를 갖고 있었다. 먼저, 지역정책은 산업발전, 고용 및 사회적 안전망과 같은 여러 문제와 맞물려 있다. 따라서 구조기금의 수혜에 있어 회원국정부들은 집행위원회의 간섭을 되도록 회피하려 하였다. 둘째, 회원국정부들은 지역정책을 유럽연합으로의 권한위임 대가에 따른 일종의 보상으로 생각하였다. 이에 따라 각 국가나 지역별로 매우 세분화된 미시적 이해관계들이 저마다의 당위성을 내세워 유럽연합으로부터 보다 많은 수혜를 받으려고 경합하였다. 이러한 과정에서 유럽연합 차원의 목적과 이익이 간과되기도 하였다. 이와 같은 지역정책의 특징적 요소를 볼 때 지역정책은 회원국간 첨예한 정치적 타협을 통해 운영될 수밖에 없었고 실제 여타 초국가 정책에 비해 합의 조정이 매우 어려웠다. 초기 구조기금의 수혜가 일종의 국가간 쿼터제로 운영된 것은 모두 이러한 이유들 때문이었다. 그러나 1970년대 말까지 지역정책은 국가간 기금 할당이라는 형식을 통해 운영되었지만 당시 회원 9개국 중 실상 이탈리아, 영국 그리고 아일랜드만이 주요 수혜국이었고 나머지 6개 국가들은 순기여국이었다. 1970년 말에 이르러서야 유럽지역발전기금 총액의 5%는 집행위원회가 독립적으로 운영할 수 있도록 일부 제도개혁이 이루어졌다. 1984년에는 집행위원회가 운영할 수 있는 비할당 기금도 20% 수준으로 대폭 증가하였고 국가별 할당비율의 상하 안선도 설정되었다. 당시 국가별 할당에 따라 독일은 3%, 프랑스 10%, 영국 19%, 스페인 24% 그리고 이탈리아가 29%를 배정받았다.[51]

이후 지역정책은 단일유럽의정서 체결에 영향 받아 1988년에 대폭적으로 재조정되어 공동농업정책의 일부 프로그램과 결합하여 결속정책으로 통합되었다. 또한 마스트리히트 조약을 통해 지역위원회와 더불어 결속기금(Cohesion Fund)이 만들어지면서 결속정책은 새로운 국면을 맞게 되었다. 1988년에 이루어진 구조기금 개혁을 통해 유럽연합은 1957년 이후 시행하여온 재분배정책의 목적과 내용을 전면적으로 수정하였다.

먼저, 1988년 개혁을 통해 구조기금 재원은 유럽연합 평균 GDP의 75%에 미치지 못하는 제1 목표(objective 1)에 집중적으로 투입하였다. 더불어 산업구조조정에 따라 사회경제적 어려움을 겪는 지역인 제2목표(objective 2) 지역과 농촌지역인 제5 목표(objective 5b) 지역에 유럽지역발전기금의 약 80%를 투입하기로 하였다.

둘째, 기존에 소규모로 개별적인 지원을 행하던 기금투입방식을 개선하여 유럽연합 차원에서 다년계획을 통해 통합프로그램 방식을 채택하였다.

셋째, 집행위원회는 특별히 프로그램 운용단계에서 회원국정부, 지방정부 등과 동반자 원칙(partnership principle)을 통한 수평적 협력을 확대하였다. 이러한 동반자 관계를 통해 집행위원회는 필요하다면 중앙정부를 경유하지 않고 해당 지방정부와 직접적인 대화채널을 강구할 수 있게 되었다.

끝으로, 결속정책 실행과정에서 기금투입지역에 대한 중앙 및 지방정부의 공동재정 확보원칙을 보다 엄격히 유지하기로 하였다.[52]

1988년의 구조기금 개혁은 이전에 볼 수 없었던 대폭적인 정책내용과 방향 수정으로, 시장통합에 따른 재분배정책의 절실한 필요성을 반영한 것이다. 1988년 이전에 회원국간 경제사회적 격차는 통합을 지체시키거나, 통합에 대한 회의론을 불러일으킬 만한 변수로 작용하지는 않았다. 이러한 이유는 당시까지 유럽공동체는 시장통합을 위한 소극적 통합(negative integration)에 주력하였기 때문이다. 따라서 개별 회원국들의 고유의 복지시스템이나 보조금 정책은 통합에 크게 영향 받지 않았다. 그러나 단일시장 계획에 따라 동반된 긍정적 통합(positive integration)과정이 전개되면서 특정의 경우 일국의 사회정책은 확대된 초국가 규제에 따라 국내정책 시행이 위축되었다. 보조금정책은 대표적 예이다. 이에 따라 유럽연합 차원에서 경제사회적 낙후지역에 대한 재분배정책 시행이 절실히 요구되었다. 무엇보다도 당시 유럽공동체 12개국 중 경제사회적 발전이 상대적으로 뒤처진 스페인, 포르투갈, 그리스 및 아일랜드에서는 단일시장계획에 따라 직접적인 불이익을 당할 수 있다는 우려가 팽배하였다. 이들 국가에서는 초국가 규제가 확장된 경쟁, 환경 및 연구개발정책 등에서 상대적으로 높은 비용을 지불해야 하고, 여타 회원국에 비해 초국적 규제의 결정과 시행과정에서의 영향력이 미미하였다.

이러한 현실을 반영하여 이들 국가들은 시장통합에 따른 부정적 영향을 상쇄할 물리적 공여의 확대를 강력히 주장하였다. 이 결과 구조기금정책의 대대적인 개혁이 뒤따르게 되었다. 중요한 사실은 1988년에 이루어진 구조기금 개혁은 유럽연합 차원에서 권력구조의 변화와 공공정책의 형성과 집행구조에 획기적인 변화를 초래하였다는 점이다. 가장 두드러진 현상은 각 지방정부가 중앙정부를 경유하지 않고 유럽연합 수준의 정책결정에 직접 관여하고 정책 실행과정에서도 실질적인 실행주체로 공적 권한이 확대된 것이다.

1994년 들어 결속정책은 또 다시 개편되었다. 1988~1993년 기간에 결속정책 예산은 당시 유럽통화단위(ECU)로 640억 ECU에 불과하였으나 1994~1999년에 시행된 예산은 이전보다 두 배 이상 증가한 1,410억 ECU에 달하였다.[53] 중요한 사실은 이렇게 증가한 예산은 철저한 정부간 협상의 결과라는 점이다. 이는 결속정책이 집행위원회와 지방정부간 정형화된 관계양식을 보여주는 대표적 정책이지만 정책의 생성과 주요한 정치적 결정은 여전히 국민국가 패러다임에 위치한다는 것을 말해준다. 이미 1987년에도 유럽연합 회원국 중 가장 낙후된 스페인, 포르투갈, 그리스 및 아일랜드 등은 단일유럽의정서 체결로 변화된 경제사회적 변화에 대응하기 위해 구조기금의 전면적인 증액을 요구하여 의사를 관철시켰었다. 그럼에도 이러한 국민국가 패러다임이 단일유럽의정서 이전과 같이 전적으로 지배하는 것은 아니다. 특히 유럽연합의 정책과정과 제도개혁과정에서 특정 회원국의 과도한 정치적 개입은 상당히 위축되었다. 일예로 1993년에 영국, 프랑스, 독일 및 스페인 정부들이 1988년 구조기금 개혁을 통해 집행위원회가 과도한 권한을 갖게 되었다고 비난하며 이의 제고를 강력히 주장하였었다. 그러나 포르투갈, 아일랜드 및 벨기에 정부는 집행위원회에 입장을 옹호하여 결국 1988년 구조기금 개혁으로 만들어진 정책집행구조는 마스트리히트조약 체결 이후에도 변함없이 유지되었다. 이에 따라 집행위원회의 비대한 권한을 비판한 회원국들은 관리위원회(Management Committee)를 창설해 집행위원회가 제기하는 공동체 발안(Community Initiatives)의 승인권을 얻는 정도에서 만족하였다.[54]

결속정책은 공동농업정책과 함께 유럽연합에서 가장 많은 예산이 투입되는 정책이다. 1975년 유럽연합 예산에서 구조기금의 비중은 5% 미만에 불과하였지만 2000년대 이후 그 비중은 30%를 넘어섰다. 이후 유럽연합은 2004년 10개국에 달하는 신규 회원국의 가입을 앞두고 2000~2006년 기간 동안 2,100억 유로의 구조기금을 책정하여 다음과 같은 정책을 실행하여 왔다.

첫째, 유럽연합 평균 GDP의 75%에 미치지 못하는 낙후 지역 범주인 Objective 1에 대한 지원을 지속적으로 행하였다. 본 대상지역은 주로 스페인, 포르투갈, 그리스, 이탈리아, 구동독 내 낙후지역들이지만 핀란드와 스웨덴처럼 인구가 희소하고 지리적으로 격리된 곳과 프랑스의 해외영토 등도 정책 대상이 되었다. 반면에 베네룩스 국가와 덴마크 내 지역은 Objective 1에 한군데도 포함되지 않았다. 2004년 이전의 15개 회원국을 기준으로 볼 때 Objective 1 지역은 유럽연합 총 인구의 22%가 거주하고 본 지역에 구조기금 총액의 2/3이 소요되었다. 이러한 막대한 재원은 유럽지역발전기금과 결속기금을 통해 조달되었다.[55]

둘째, Objective 2는 구조적 어려움을 겪는 지역군이다. 여기에는 산업이 쇠퇴하면서 높은 실업율과 함께 범죄와 빈곤이 만연한 농어업 지역이 주로 포함되었다. 이외에도 Objective 2는 독일, 영국, 프랑스, 스페인 내 구공업도시가 포함되는데 대부분의 재원은 유럽지역발전기금으로 조달되었다.

셋째, Objective 3 지역은 인적자원 개발을 주목적으로 하는데 해당 지역에서는 실업률 감소와 노동시장 및 남녀 동등한 노동조건 개선을 위한 여러 프로그램이 운영되었다.

넷째, 일종의 사회정책으로 특별한 프로그램이 실행되었다. EQUAL(비차별과 공정한 근로조건 촉진), INTERREG(국경지역간 협력프로그램), LEADER+ (농촌지역 개발프로그램) 그리고 URBAN(낙후된 도심지역 재개발 프로그램) 등이 구조기금으로 운영되었던 대표적인 프로그램들이다.[56]

이와 같이 결속정책은 1988년 개혁 이후 다층화된 유럽적 거버넌스 구조를 야기한 대표적인 재분배정책으로 자리 잡았다. 그러나 경제사회적 낙후지역에 대한 물리적 공여라는 정치적 의도에 따라 정책의 원래 의도를 담은 조약의 일반목적 구현은 제약되어 왔다. 따라서 결속정책이 야기한 유럽화의 특징적 양상과 본 정책의 목적과는 분리해서 이해해야 한다. 1980년대 이후 유럽연합에서 가장 낙후된 지역으로 거론되어온 스페인, 포르투갈, 그리스 및 아일랜드 등의 4개국 내의 여러 지역들은 결속정책의 주요 대상이었다. 1983년 이들 4개국의 1인당 GDP는 결속정책의 시행으로 유럽연합 평균의 66% 수준에서 1995년에 74% 수준으로 상승하였다. 그러나 동 기간에 아일랜드의 1인당 GDP는 유럽연합 평균의 90%에 육박하고 스페인은 76%까지 상승한데 반해 포르투갈은 68% 수준에 머물고 그리스는 오히려 1983년보다 후퇴하여 64%에 불과하였다.[57] 이러한 지표를 볼 때 유럽연합 내에서 중심-주변부 국가 및 지역간 경제사회적 격차를 해소한다는 결속정책의 일반목적은 절반의 성공에 불과하다는 것을 알 수 있다.

전술한바와 같이 이러한 결과의 직접적 원인은 부적절한 시행원칙과 방법에서 비롯된 것이다. 지역간 경제사회적 격차는 산업구조나 경제발전정도와 같은 구조적 취약성에서 비롯된 것이다. 이러한 격차를 완화하기 위한 수단은 다양하고 그 수단들이 동시 병행적으로 이루어져야 한다. 특별히 지역간 사회경제적 격차는 경제적 인프라 구축과 함께 노동의 질 향상을 위한 여러 방안이 병행되어야 장기적인 효과를 거둘 수 있다. 그럼에도 1980년대 말까지 구조기금 정책은 이러한 인력자원 개발보다는 운송, 에너지 및 통신네트워크 구축과 같은 경제적 인프라 구축에 한정되어 왔다. 또한 결속정책과 같이 재원을 요하는 재분배정책은 회원국의 GDP 대비 약 1.2%선에서 결정되는 유럽연합의 예산규모로는 획기적인 성과를 기대할 수가 없다. 통상 유럽연합의 예산 중 결속정책이 차지하는 비율은 약 30% 내외인 점을 감안하면 유럽연합 회원국의 총 GDP 대비 재분배정책 예산은 0.5%를 넘지 않는다고 추산할 수 있다.

물론 결속정책은 공동농업정책 다음으로 많은 예산이 투입되고 있다. 1997년에 집행위원회가 발행한 맥도걸보고서(MacDougall Report)에 따르면 경제화폐동맹의 성공적 운영을 위해서도 재분배정책은 반드시 필요한 정책이며 이 경우 유럽연합 예산은 회원국의 GDP 총액 대비 2~2.5% 선이 적절하다고 언급하였다. 더 나아가 본 보고서에서는 회원국의 GDP 총액 대비 5~7%선이 되어야 유럽연합의 연방적 속성이 강화되면서 재분배정책이 효과를 거둘 수 있다고 예측하였다.[58] 이러한 맥도걸보고서의 지적과 같이 현실적으로 유럽연합의 총 예산과 이중 재분배정책에 투입되는 예산비율을 고려할 때 부유한 지역에서 낙후지역으로 부의 재분배를 의도한 결속정책의 효과는 매우 제한적이라는 사실을 알 수 있다.[59]

그러나 이러한 정책의 효과에 대한 의문에도 불구하고 결속정책은 1957년 이후 현재까지 유럽연합에서 가장 많은 재원이 투입되는 재분배 정책으로 자리잡아왔다. 중요한 사실은 유럽연합 정책과정에 지방정부의 참여는 단순히 초국가 정책의 결정과 시행에 관여하는 정도에 머문 것이 아니라는 점이다. 지방정부는 단순한 정책참여를 넘어 프로그램 집행시 유럽연합의 예산에 상응한 자체 예산을 동원함으로써 국내정치와 국제정치간 경계를 회석시키고, 통합의 수준을 국가 내 하위정부까지 확대하였다. 이에 따라 결속정책은 초국가 정책이면서 동시에 국내정책이 되어 여러 수준의 정부가 참여사는 다층화된 유럽적 거버넌스의 태동을 가져온 결정적 동인이 되었다. 나아가 많은 여타 유럽연합의 공동정책들이 결속정책의 예를 따라 권한 분산을 통해 여러 수준의 정부와 사회적 행위자가 참여하게 되었다는 점을 상기할 필요가 있다. 2000년대 이후 이른바 리스본 프로세스(Lisbon Process)라 칭하는 사회경제정책의 확대 과정에서 여러 수준에 걸친 정부와 사회적 행위자가 참여하는 개방적 협력절차(OMC: Open Method Coordination)의 도입은 대표적 예이다.

결론적으로 결속정책은 1980년대 말 이후 개혁과정을 거치면서 지방정부의 공식적인 정책참여가 이루어져 다층화된 유럽적 거버넌스의 태동을 가져온 결정적 동인이 되었다. 나아가 다수준의 정부가 참여하는 유럽적 거버넌스는 이전의 통합 성격과는 달리 유럽연합 차원의 수렴과 동시에 통합에 대응한 각 지방정부의 자발적인 제도적 조정과 정책적 분화를 거쳐 유럽화라는 복잡한 통치 양식을 가져왔다.

2. 권한분산 시스템 : 결속정책의 운영

분산된 권한구조에 따라 결속정책은 정책형성부터 실행까지 매 단계마다 여러 행위자간 권력균형 원리가 작동하게 되었다. 따라서 결속정책의 운영과정을 통해 다층화된 거버넌스를 배경으로한 유럽화의 실제적인 현상을 이해할 수 있다.

단일시장의 완성과 더불어 재분배정책이 보다 중요성을 갖게 되면서 일국 내에서 구조기금의 운용은 점차 시스템화 되고 지방정부는 중앙정부의 관련 부처와 공적 관계를 맺고 정책에 참여하게 되었다. 이러한 양상은 중앙정부의 권한이 큰 영국이나 그 반대의 경우인 스웨덴에서도 보편화 되어 왔다. 1988년 구조기금 개혁 이후 유럽연합에서 분배와 재분배정책은 집행위원회의 의제제안, 이후 각료이사회에서의 기금배분 지역과 지원액 결정 그리고 집행위원회와 지방정부간 공동시행으로 정책과정이 시스템화 되었다. 구체적으로 결속정책의 결정과 집행은 통상 다음의 5단계를 통해 진행되는데 정책결정단계에서는 집행위원회의 의제제안과 각료이사회의 결정 등의 2단계로 구성된다. 나아가 정책집행단계에서는 정책가이드라인 결정, 프로그램 개발 및 프로젝트 개발과정 등의 3단계로 이루어진다.[60]

먼저, 결속정책의 결정 및 형성단계에서는 집행위원회와 지방정부간 정책네트워크를 통해 지역적 이해가 취합되고 이후 집행위원회와 각료이사회간 공동결정이 이루어진다. 물론 1988년 구조기금 개혁이후 기존에 정책형성과 시행과정을 좌우하던 각료이사회의 지배적 권한이 축소되었다. 그럼에도 정책결정 단계에서 가장 민감한 정치적 이슈인 지역간 기금할당이나 할당액 결정은 여전히 각료이사회에서 정부간 협상을 통해 결정되도록 하였다. 이미 각 지방정부는 정책시행 과정에서 집행위원회와 정책네트워크를 형성하여 개별 프로그램을 공동운영하고 있다.

이와 같이 각료이사회에서 중요한 정치적 결정이 이루어지므로 각 지방정부와 지역간 연합체가 각료이사회에 개입하여 공동의 지역적 이해를 관철하는 것이 일반적인 패턴이 되었다. 이러한 패턴은 정책과정에서 긍정적인 효과를 야기하였다. 만약 이전과 같이 각 지방정부가 지역이해를 관철하기 위해 중앙정부에 한정된 로비경로만을 고수한다면 각료이사회에서는 국가간 이해관계 조정으로 완화된 산출이 야기될 것이다. 극단적인 경우 초국가 수준에서 비토포인트(veto points)가 확장될 수도 있어 정책결정은 더욱 어렵게 된다. 그러나 논리적으로 각료이사회로 지역이해가 개입될 경우 정책결정과정에서 첨예한 국가간 이해관계가 완화 될 수 있다. 통상 각료이사회에 대한 로비는 개별국가 차원을 벗어나 지역간 연합체나 지역위원회를 통해 이루어짐으로 보편적 지역적 이해가 개입될 수 있기 때문이다. 이러한 정책진행에 따라 정책집행단계에서도 각 지역의 정치적 저항이 상당부분 완화된다.[61]

결속정책이 다층화된 유럽연합의 거버넌스 구조를 극명하게 보여준다는 것은 여러 행위자간 집단적 합의시스템에 의해 정책이 운영된다는 사실에서 확인할 수 있다. 물론 결속정책 전반에 걸쳐 집행위원회가 강력한 권한을 행사한다. 특별히 정책의 집행에 관여하는 주 행위자는 집행위원회와 지방정부로 한정된다. 그러나 정책실행을 위한 가이드라인 설정 단계에서는 국가간 그리고 집행위원회-각료이사회간 수평적 협상논리가 적용된다. 물론 이러한 과정에서 지방정부가 완전히 배제되는 것은 아니다. 집행위원회-각료이사회간 협상과정에서 표명된 각 회원국들의 입장은 국내에서 다양한 지방정부의 이해와 압력을 수용한 결과이기 때문이다.

다음 단계에서는 결속정책의 세부 프로그램을 만드는 과정(programme developing)으로 이 과정을 통해 재원 할당이 이루어진다. 본 단계에서는 각 지방정부가 중심적 역할을 하는데 회원국정부도 재원할당 과정에 깊숙이 개입하고, 집행위원회 역시 최종적으로 세부 프로젝트 실행을 위한 결정 권한을 갖는다. 본 단계에서 각 행위자들의 관심사는 각 프로젝트에 투입되는 예산규모이다.[62] 따라서 일반지역개발계획(General Regional Development Plans)과 실행프로그램(Operational Programs)의 계획과정에는 관련된 회원국정부와 지방정부가 모두 참여하여 집행위원회와 첨예한 협상을 진행한다. 이와 같이 본 단계에서는 회원국정부, 지방정부 및 집행위원회간 3자 합의가 이루어진다. 경우에 따라 이 과정에서 지정학적 이해를 갖는 기업과 비정부간 기구와 같은 사회적 행위자들까지 직·간접적으로 참여한다.

끝으로 최종단계는 해당 지방정부가 다양한 하위 프로젝트를 진행(project developing)하는 과정이다. 본 단계에서는 중앙정부에서 활동하는 해당 지역 출신의 정치인들도 개입하지만 선거로 임명된 지방의회의원과 같은 지역 정치인이 보다 강력한 권한을 행사하는 것이 통례이다. 이러한 현상은 지방의 토착 정치인들이 중앙의 정치인들보다 지역적 이해에 보다 정통하고 정치적 이해관계 역시 보다 크기 때문이다. 이 경우 지역 정치인들은 해당 지역 내에서 거미줄처럼 얽힌 정책네트워크의 허브로서 막중한 권한을 갖는다. 동시에 이들은 지방정부 내 재정담당 공무

원과의 협상파트너이며 정책의 실무집행자로도 기능하면서 일종의 행정관료 기능까지 수행한다. 이러한 지역 정치인은 대개의 경우 정책의 최종집행자인 해당 지방정부의 실무관료들과 이해를 같이하므로 지방정부의 기능이 제약받지는 않는다. 또한 프로젝트 진행단계에서는 지방정부가 지역 내 기업, 노조 및 사용자 집단 등과 연계하여 정책을 시행한다. 따라서 정책의 최종 시행단계에는 다양한 권한을 갖는 위원회, 경제단체 및 기업이 관여하는 것이 통례이다. 이러한 정책집행 구조에 의해 결속정책 운영과정에서 특정 행위자가 정책과정에서 지배적 권한을 갖고 편향된 이해를 추구하는 경우는 매우 드물고 대개의 경우 정책은 공공선에 보다 부합하는 방향으로 결정되고 실행된다.[63]

표 4 ▶ 결속정책 결정 및 집행

정책과정 단계		주요 결정	정책결정 주체
정책 형성	의제제안	▪ 결속정책 내용·시기 등 결정	▪ 집행위원회 ▪ 지역위원회(자문절차) ▪ 지방정부
	정책결정	▪ 기금액 및 투입지역 결정	▪ 각료이사회
정책 집행	가이드라인 설정	▪ 정책실행 방법·시기 결정	▪ 집행위원회 ▪ 개별 회원국정부
	프로그램 결정	▪ 각 프로그램별로 재원할당 및 집행 방법 결정	▪ 집행위원회 ▪ 개별 회원국정부 ▪ 지방정부
	프로젝트 집행	▪ 각 지방차원에서 개별 프로젝트 집행	▪ 집행위원회 ▪ 지방정부 ▪ 사회적 행위자

이러한 결속정책의 결정과 집행과정을 볼 때 특정 행위자가 지배적인 영향력을 행사할 수는 없다. 다시 말해 집행위원회, 중앙정부 및 지방정

부는 정책네트워크 내에서 위계적인 상호작용을 하는 것이 아니다. 오히려 3자의 행위자들은 네트워크 내에서 복잡한 수직·수평적인 상호의존적인 관계를 형성하고 있다. 각 지방정부는 중앙정부로부터 직접적인 통제를 벗어나기 위해 집행위원회와 직접 연계한다. 동시에 지방정부는 필요하다면 집행위원회로부터 보다 많은 지원과 권한을 얻기 위해 중앙정부를 동원한다. 그러므로 결속정책과정에서 집행위원회, 중앙정부 및 지방정부는 동일한 정책네트워크 내에서 동시에 상호작용하는 것이 아니다. 이른바 이중네트워크(dual network)를 통해 3자의 행위자간에는 서로 독립된 쌍방향의 연계가 이루어진 것이다. 즉, 집행위원회-지방정부와 함께 중앙정부-지방정부간 정책네트워크 역시 동시에 존재한다. 이러한 구조에 기인하여 양 행위자간 상호관계에서는 이중 어느 한 행위자가 참여하는 또 다른 정책네트워크 내 제 3의 행위자에 의해 간접적인 영향을 받을 수도 있다. 다시 말해 집행위원회-지방정부간 정책네트워크는 동일한 지방정부가 참여한 또 다른 중앙-지방정부간 정책네트워크에 의해 영향 받는다. 이 경우 중앙정부는 전통적인 연계루트인 각료이사회-중앙정부와 별개로 중앙-지방정부간 네트워크를 통해 집행위원회-지방정부간 정책네트워크에서 간접적으로 의사를 개진할 수 있다.

이와 같이 복잡한 이중네트워크에 의해 행위자들은 서로에게 상대적인 자율성을 갖는다. 물론 결속정책의 집행과정에서 지방정부가 상대적인 자율성이 보다 큰 것은 사실이다. 그럼에도 중앙정부는 가장 핵심적인 사안인 정책의 형성과 기금 배분과정에서 여타 회원국정부와 함께 배타적인 권한을 갖고 있다. 집행위원회 역시 정책형성부터 집행 및 모니터링까지 전 과정에 개입한다. 이러한 과정을 볼 때 행위자들의 자율성은 정책의 매 단계마다 상대성을 갖고 특정 행위자가 정책의 전 과정을 통제할 수는 없다는 것을 알 수 있다. 이와 같이 결속정책 과정에서 생성된 이중 네트워크는 여러 수준에 걸쳐있는 행위자들이 공동으로 정책을 생산하는 유용한 시스템으로 분권화된 유럽적 거버넌스의 단면이다.

한편 결속정책의 재원인 구조기금의 구성을 고려하면 본 정책은 유럽연합, 회원국정부, 지방정부 및 사회적 행위자들이 여러 이슈에 걸쳐 상이한 이해관계가 맞물린 것임을 알 수 있다. 구체적으로 결속정책은 다음의 4가지 공적 기금을 모두 포함한다. 첫째, 유럽지역발전기금은 석탄철강과 섬유산업지역처럼 퇴락한 산업지역에 새로운 경제사회적 인프라 구축에 투입되고 있다. 본 기금을 통해 실행되는 사업은 공교육과정에 포함되지 않는 교육훈련 프로그램, 관광산업, 직업창출을 위한 산업구조조정이나 경영혁신 등을 망라한다. 여기에 쇠락한 산업지역의 경제 활성화를 위한 중소기업에 대한 경영 및 기술지원 역시 중요한 프로그램이다. 이와 같이 유럽지역발전기금은 낙후지역에 대한 단순한 경제지원을 넘어 산업정책과 연계하여 다양한 경제사회 부분에 투입되고 있다.[64] 둘째, 유럽사회기금은 구동독지역, 그리스, 이탈리아 남부, 포르투갈과 스페인의 지방정부와 같이 전통적인 경제사회적 낙후지역에서의 고용촉진, 장기실업 및 기술교육훈련 등을 목적으로 하고 있다. 셋째, 유럽농업지도보증기금(EAGGF: European Agricultural Guidance and Guarantee Fund)은 공동농업정책의 양대 기금의 하나로 주로 농업구조개혁과 농촌지역 발전에 투입되고 있다.[65] 넷째, 1993년에 만들어진 어업지도재정(FIFG: Financial Instrument for Fisheries Guidance) 역시 구조기금을 구성하는 공적기금이다. 이와 같이 결속정책의 주요 재원인 공적기금은 산업, 교육훈련 및 농어업 등 다양한 분야를 망라함으로 각 회원국정부와 지방정부 나름의 지정학적 이해관계가 모두 개입한다. 따라서 특정 회원국정부나 지방정부가 결속정책의 형성과 집행과정에서 특정 분야의 이해관계만을 고집할 수는 없다. 이점에서 결속정책은 분권화된 행위자들의 이해관계와 권한이 얽힌 공동정책이며 다층화된 유럽적 거버넌스를 야기한 구조적 조건으로 자리 잡았다.

물론 유럽연합의 구조기금을 구성하는 4개의 공적 기금 중에서 결속정책 수행을 위해 가장 중요한 기금은 유럽지역발전기금이다. 유럽지역발전기금은 결속정책의 목적인 낙후지역발전을 위한 주 재원인 반면에 유럽사회기금과 농업지도보증기금은 지역발전을 위한 보완적 성격을 갖는다.[66] 이외에도 결속정책의 일부 프로그램은 구조기금과 별개로 1988년부터는 독립적인 결속기금을 통해서도 정책이 시행되었다. 결속기금의 투입은 GDP가 유럽연합 평균 90%에 못 미치는 지역에 집중되어있다. 결속기금은 유럽사회기금과 동일한 지역을 대상으로 투입되는데 그 성격은 다소 상이하다. 유럽사회기금이 낙후지역에 대한 지원인 반면, 결속기금은 단일시장의 심화와 유럽연합 수준에서 환경기준의 강화 등과 같이 통합에 따라 불이익을 받는 지역에 대한 보상의 성격을 갖고 있다. 1990년대에 스페인, 포르투갈, 그리스 및 아일랜드에 대한 운송 및 환경분야 지원은 결속기금으로 운영된 대표적인 프로그램이다.[67]

결국 결속정책의 재원이 되는 여러 기금을 볼 때 본 정책은 다양한 지정학적 이해와 더불어 여러 사회적 세력과 계층의 이해 역시 복합적으로 융합된 것임을 알 수 있다. 따라서 결속정책은 정책형성에서 집행과정까지 매 단계마다 여러 행위자들의 분산된 이해관계를 취합할 수밖에 없다.

이러한 과정을 통해 정책에 참여하는 모든 행위자들은 상호 유기적으로 연계되어 어느 한 행위자가 전적으로 지배적인 영향력을 행사할 수 없는 구조적 조건이 만들어졌다.

표 5 ▶ 결속정책 재원과 용도

기 금	용 도
유럽지역발전기금(ERDF)	• 낙후된 산업지역의 구조조정 지원
유럽사회기금(ESF)	• 경제사회적으로 낙후된 지역 내 산업 및 교육정책 지원
유럽농업지도보증기금(EAGGF)	• 농촌지역의 구조개혁 지원
어업지도재정(FIFG)	• 어촌지역의 발전지원
결속기금(Cohesion Fund)	• 단일시장과 산업구조과정에서 불이익을 받는 지역 지원

1988년 구조기금 개혁을 통해 결속정책은 로마조약에 명기된 정책시행 목적을 회복하고 유럽화라는 특징적인 통합과정을 낳았다. 유럽연합에서는 결속정책 개혁을 통해 전통적인 국민국가 패러다임이 축소되고 단일의 초국가 프로그램으로 통합되었다. 즉 각국 간 정치적 협상영역이던 기금배분 및 집행과정의 개혁을 통해 조약에 명기된 공동정책의 목적을 되살린 것이다. 또한 개혁을 통해 결속정책 프로그램의 시행과정에 유럽연합 뿐 아니라 중앙 및 지방정부 모두 공동재정 원칙을 도입하여 정책에 관여하는 모든 정부가 공동의 책임을 지게 되었다. 이 결과 결속정책은 초국가로부터 지방정부로의 시혜가 아니라, 유럽연합과 해당 지방정부가 공동재정 및 시행을 취하는 초국가정책이며 동시에 국내정책이 되었다. 실제로 유럽지역발전기금의 경우 회원국에서 실행하는 관련 국내정책과 연계하여 투입되고 있다. 특별히 지역발전이 뒤쳐지고 지역

간 경제사회적 격차가 큰 남부유럽과 아일랜드와 같은 회원국에서는 유럽지역발전기금이 관련 국내정책을 시행하는데 매우 중요한 재원이 되었다. 전술한 바와 같이 유럽연합의 예산이 회원국정부에서 독립적으로 실행하는 여러 사회경제정책에 투입되면서 초국가정책과 국내정책간 경계가 퇴색하게 되었다. 이에 따라 특정 회원국에서는 효과적인 국내정책 집행을 위해 유럽연합 수준에서 해결책을 찾게 되었다. 결속정책 뿐 아니라 노동, 환경 및 교육훈련정책 등도 이러한 경우이다. 이러한 현실은 매우 중요한 변화로 지방정부가 통합과정에서 공적인 행위자가 되었다는 사실과, 유럽연합의 정치는 국내정치와 불가분의 관계가 되었다는 사실을 말해준다.

한편 각 지방정부는 공동재정 원칙에 따라 재정 부담을 경감하고 효과적인 집행을 위하여 여러 사회적 행위자와 광범위한 정책네트워크를 형성하였다.[68] 이에 따라 결속정책은 유럽연합-지방정부간 연계와 더불어 해당 지방정부 내 산업계와 비정부간 기구까지 망라된 다층화된 정책과정으로 발전하였다. 많은 학자들은 다층화된 거버넌스의 직접적 태동과 유럽화의 실체적 구현을 결속정책에서 찾는 것은 이러한 발전과정에 기인한 것이다. 그러나 집행위원회와 지방정부간 정책네트워크가 확장되어도 전통적인 국민국가 패러다임이 폐기된 것은 아니다. 결속정책의 개혁 이후에도 정책의 집행단계에서 구조기금의 배분과 우선투입지역 선정 등의 주요한 결정은 여전히 집행위원회와 회원국정부간 수평적 협상을 통해 이루어지고 있기 때문이다. 따라서 결속정책의 실행과정에서 집행위원회의 역할이 늘어나고 지방정부의 참여가 증가하여도 중앙정부가 배제된 것은 아니다.[69] 그러므로 결속정책은 표면상 집행위원회-회원국정부-지방정부로 이어지는 기존의 위계적인 권한관계가 존속하면서, 동시에 정책실행과정에서 집행위원회-지방정부간 수평적인 동반자관계라는 복잡한 구조적 조건을 갖는다. 결국 결속정책은 국민국가 패러다임이 유효한 가운데 지방정부와 사회적 행위자에게 다층화된 권한 분산이 이루어진 구조를 갖는다. 나아가 결속정책이 표방한 '경제사회적 결속'이라는 목표는 이후 다소의 의견 속에서도 통합의 주요 목적이 되었다. 이에 따라 시간이 경과하면서 결속정책에는 국가간, 지역간 경제사회적 편차를 줄이기 위한 여러 제도적 조정과정이 증가하였다. 단적으로 유럽연합 내에서 유일한 재분배정책인 결속정책은 유사한 속성을 갖는 농업, 교육, R&D 및 노동시장 등 여러 사회정책과 동시 병행적으로 시행되게 되었다. 동시에 집행위원회, 회원국정부, 지방정부와 사회적 행위자들이 모두 관여하는 정책영역인 환경 및 산업정책 등에서도 결속정책을 허브로 정책간 수평적 연계가 이루어지게 되었다.

이와 같이 권한분산 체제와 정책 시행과정에서 여러 정부간 수평적 협력 및 정책간 연계 등은 기존의 통합과정에서 볼 수 없었던 현상이다. 따라서 결속정책은 유럽연합의 다층적 거버넌스와 이에 따른 유럽화라는 정치현상의 중심에 있다. 더욱 중요한 사실은 이후 결속정책의 성공적인 수행에 고무되어 기존에 유럽연합에서 시행하는 여타 공동정책 역시 결속정책의 다층화된 권한 분산시스템을 따르게 되었다는 사실이다. 2000년대 이후 리스본 프로세스의 대표적인 영역인 노동시장정책은 단적인 경우이다.

그림 4 ▶ 결속정책의 결정·집행구조 및 정책간 연계

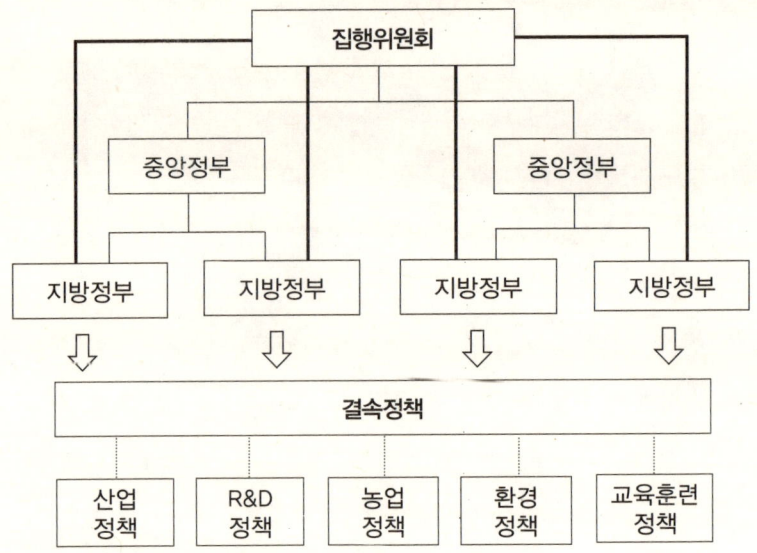

제4장

유럽화의 사례 (환경정책) : 지방정부간 연합

1. 지방의 유럽과 정책네트워크

유럽화는 세계화에 대응한 유럽국가들의 전략적 선택이다. 즉 초국가 협력을 통해 국민국가 단위의 정치·경제 영역을 재조정하고, 단일 규제를 통한 통합된 시장의 구성과 운영, 높은 수준의 환경규제 및 사회적 안전망 구축을 통해 국가의 실패를 보완한다. 이러한 변화는 유럽연합이 신자유주의 기조의 시장자유화가 야기한 경쟁에서 우위를 점하려는 의도를 내포한다. 문제는, 시장통합과 이에 따른 초국가 규제의 확대로 국가 내부에서 전통적인 복지국가 시스템이 축소되어 국가의 고유한 기능인 자원의 재분배 기능이 위축되었다는 것이다.[70]

이러한 부작용에 대한 해답은 초국가 수준에서 재분배정책의 확대이다. 단일시장 계획과 병행되어 결속정책이 대대적으로 개혁 및 확대되고, 재분배정책의 직접적 수혜를 받는 지방정부의 초국가 정책 참여를 고무한 것은 이러한 상황을 반영한 것이다. 문제는 유럽연합이 제한된 예산으로 초국가 수준에서 재분배정책을 획기적으로 확대하여 국내정책을 전적으로 대치할 수 없다는 사실이다. 다양한 지정학적 이해를 고려할 때 초국가 수준에서 단일의 재분배정책이 국내정책을 모두 대치하는 것도 결코 적절한 해답은 아니다. 해결책은 재분배정책의 수혜를 받는 지방정부들이 독립적인 정책을 시행하되, 필요하다면 국경을 넘어 여타 지방정부와 연합하여 유럽차원에서 동질적인 이해관계를 관철하는 것이다. 이는 일국차원에서 자원의 재분배 기능이 제약된 중앙정부를 대치할 수 있는 전략적 선택이기도 하다.

이러한 맥락에서 지방의 유럽(Europe of the Regions)이 제기되었다. 지방의 유럽 혹은 제3의 유럽(third level Europe)이라는 표현은 1990년대 초반부터 국가 중심 통합을 탈피하여 지방정부와 같은 제 3의 행위자에게 초국적 권한을 분산한다는 의미로 사용되어왔다. 여기서 지방은 국가내부의 지방정부뿐 아니라 아직 미성숙된 유럽차원의 시민사회까지 포괄한다는 광의의 의미를 담는다. 구체적으로 지방의 유럽이라는 모토는 마스트리히트조약 체결을 위한 정부간 회담에서 초국가적 통합을 보완한다는 사고에서 제기되었다. 당시 단일시장과 경제화폐동맹 계획이 진행되면서 금융 및 통화 등 국가의 전통적 권한 중 일부가 유럽연합으로 이전되었다. 이와 더불어 회원 각국이 실행하는 일부 경제사회정책의 제약이 뒤따랐다. 환경, 노동 및 경쟁정책은 대표적 예이다.

국내정책 시행의 제약으로 유럽통합이 초국가와 회원국정부간 정치적 협상영역에 머물지 않고, 국가내부의 다양한 공적·사적행위자에게도 직접적인 영향을 미치게 되었다. 이와 같이 급변하는 정치적 상황을 고려할 때 원활한 통합을 위해서는 회원국 정부의 정치적 결정 이외에 다양한 행위자의 동의와 지지가 뒤따라야 한다는 현실을 말해준다. 국가내부 행위자의 참여와 동의를 요하는 대표적인 분야는 결속정책이다. 이에 따라 결속정책에서는 시장보완을 위해 대대적인 개혁과 더불어 효과적인 정책 수행을 위해 지방정부의 직접적인 참여가 요구되었다. 이러한 정치·경제적 변화에 따라 유럽연합의 정책결정과정에서 초국가와 시민사회를 잇는 행위자로서 지방정부의 공적 권한이 제기된 것이다.[71]

통합과정에 지방정부의 참여를 제도적으로 보장한 것은 1992년 마스트리히트조약 체결로 만들어진 지역위원회이다. 1990년대 초부터 지방정부들은 지역위원회가 지방정부의 의사를 공식적으로 개진할 수 있는 유일한 통로라는 점을 십분 활용하여 왔다. 지방정부들은 1994년부터 지역위원회 내에 특별위원회(Special Commission for Institutional Affairs)를 설치하여 1996~1997 정부간 회담에 대비하였다. 지역위원회는 당시 '지방과 도시, 유럽의 기둥'(Regions and Cities, Pillars of Europe)으로 명명한 보고서를 펴내고 암스테르담 정상회담(Amsterdam Summit)에 앞서 유럽연합 내 각 지방대표들이 모인 유럽지방 및 도시정상회담(European Summit of the Regions and Cities)을 개최하였다. 이러한 일련의 활동을 통해 지역위원회는 1996~1997 정부간 회담에서 지방정부의 이해를 공식적으로 표명하였다. 그러나 단순한 자문기구에 불과한 지역위원회 내부에서 만들어진 의견은 이른바 '합의 없는 타협(compromise without consensus)'에 불과하였다.[72] 이러한 상황은 천차만별의 능력과 이해관계를 갖는 많은 지방정부로 구성된 지역위원회가 대외적으로 단선적 이해를 표명하는 일이 얼마나 어려운 것인가를 말해준다.

이에 따라 지역위원회는 암스테르담조약과 니스조약(Treaty of Nice) 체결을 위한 정부간 회담을 거치면서 지방정부간 다양한 의견을 조율하여 단선적 대외노선으로 표명한다는 기존 입장을 파기하였다. 대신에 지역위원회는 집행위원회, 각료이사회 및 유럽의회를 상대로 정책결정 과정에서 자문과 보고서 제출과 같은 본연의 기능을 더욱 강화하였다. 이 결과 1990년대 초반에 유럽연합에서 고조된 제 3의 층으로서 지방정부의 제도적 권한 확장에 대한 공식적인 논의들은 자취를 감추게 되었다. 이러한 상황변화에 맞추어 1990년대 중반 이후 유럽연합 내 많은 지방정부들은 자생적인 네트워크를 형성하여 공동의 현안을 해결하고 유럽연합에 의사를 개진하는 전략을 채택하였다.

한편 지방정부는 지역위원회를 경유한 이해관계 투입과 별개로 자원과 정보교환 및 공동정책을 위하여 지방정부간 정책네트워크를 활성화하여 왔다. 이러한 이유는 경제의 글로벌화와 시장통합 및 경제화폐동맹의 실현으로 이전에 비해 각 지방정부가 실행하는 경제정책이 보다 중요성을 갖게 되었기 때문이다. 글로벌 경제와 통합된 시장에서는 국경을 넘어 자유로운 자본이동과 투자가 가능하므로 지방정부는 국민국가 패러다임에 안주할 수 없고, 국경을 넘어 경쟁우위(competitive advantage)를 확보해야 한다. 이러한 경쟁우위 전략을 효과적으로 구사하려면 각 국가뿐 아니라 지역수준에서도 투자유치를 통해 생산시스템의 우위를 점해야 한다. 또한 시장통합 이후 중앙정부로부터의 보조금 지급과 같은 보호조치가 제약되므로 특별히 산업지역을 안고 있는 지방정부들은 투자유치와 산업발전에 사활을 걸 수밖에 없게 되었다. 국제경쟁에 노출된 유럽연합 내 많은 지방정부들의 선택은 자생적인 경제발전 정책을 취하는 것뿐이다.[73]

특히 유로존(Euro Zone)가입국에서는 중앙정부가 집행하던 통화재정정책이 유럽중앙은행(ECB: European Central Bank)으로 이관되면서 지방정부 나름의 산업경쟁력은 사활적 사안으로 떠오르게 되었다. 유럽중앙은행의 엄격한 거시경제지표에 대한 통제로 중앙정부의 재정지출이 이전보다 제약되었기 때문이다. 실제로 중앙정부는 특화된 산업과 경쟁우위를 갖춘 지역에 한하여 예산을 집중 투입하는 반면에, 낙후산업이나 지역에 능동적으로 개입할 수 없게 되었다. 후자의 경우 각 지방정부들의 선택은 국경을 넘어 유사한 경제적 상황에 처한 여타 지방정부와 자생적인 연합을 통해 경제사회발전을 꾀하는 것이다 이러한 양상은 시장통합이 완성되고 경제화폐동맹이 가시화된 1990년대 중반 이후 보편적인 현상이 되었다.

지방정부간 탈국경적인 수평적 연합을 가능케 하는 제도적 기반은 정책네트워크이다. 네트워크의 본래 의미는 운송 및 통신네트워크와 같이 특정의 지정학적 공간에서 행위자들간 상호교환과 소통을 위한 물리적·제도적 기반을 말한다. 또한 네트워크는 로비와 의사결정을 가능케 하는 반복된 정치·사회적 관계 양상을 말하기도 한다. 유럽적 맥락에서 지역간 네트워크 혹은 정책네트워크는 이러한 네트워크의 의미를 모두 포함하여 관련 지역간 수평적 연합과 더불어 유럽연합과 수직적으로 연계된 제도화된 관계를 모두 칭한다. 또한 유럽연합에서 지방정부간 정책네트워크는 지역간 격차를 해소하는 자원과 정보의 이동통로로 기능한다. 물론 유럽연합 차원에서도 정책네트워크는 지방정부와 집행위원회간 원활한 정보교환을 가능케 하고 기금이 투입되는 프로그램의 운용 뿐 아니라 이 과정에서 발생하는 여러 문제를 해결하는 제도로써도 유용성을 갖고 있다. 단적으로 결속정책의 집행과정에서는 이러한 정책네트워크가 지

역위원회와 집행위원회간 제도화된 대화채널보다 더욱 중요한 기능을 갖는 경우가 빈번하다.[74]

통합과정에서 정책네트워크가 의미를 갖는 것은 유럽연합과 지방정부간 일종의 정책공동체(policy community)의 기능을 넘어 지방정부간 자발적 협력과정에서도 공고하게 구축되었기 때문이다. 시장통합의 목적은 회원국간에 비관세장벽을 비롯한 여러 무역장벽을 제거하여 공동시장 기능을 활성화하는 것이다. 문제는 통합된 시장에서 경제적 우위를 점하는 것은 유럽차원에서 시장경쟁력을 확보한 지역에 한정된다는 사실이다. 그러므로 시장통합의 효과를 극대화하면서도 지역간 경제력의 편차를 최소할 방안은 지역간 정책네트워크를 형성해 경제사회적 협력을 강화하는 것이다. 한편 집행위원회는 이러한 경제적 편차 이외에도 유럽차원의 사회적 연대를 촉진하기 위해 지방정부간 자발적인 정책네트워크 형성을 지원하여 왔다. 1991년에 결성된 Transmanche Euroregion은 공통의 이해를 갖는 지방정부간 제도화된 협력을 통해 경제, 인프라를 공유하고 공동의 이익을 꾀하는 대표적 예이다. Transmanche Euroregion는 벨기에의 브뤼셀, 플랑드르(Flanders), 왈로니아(Wallonia), 노르빠드꺌레(Nord Pas de Calais)및 영국의 켄트(Kent) 등을 포함한 5개 지역의 연합이다. 이들 지역은 영국의 켄트를 위시하여 영불해저터널이 관통하며 동시에 대륙에서는 TGV의 북부궤도가 위치한 지역이다. Transmanche Euroregion은 지정학적 인접성과 무관하게 영불해저터널과 TGV라는 물리적 네트워크를 통해 용이하게 연계된다는 점에서 상호협력을 위해 정책네트워크가 형성된 경우이다.

물론 1986년에 결성된 Eurocities 역시 Transmanche Euroregion

과 형태는 상이하지만 지역발전이라는 유사한 목적을 갖는 지방정부간 자발적인 연합이다.[75] 1986년에 만들어진 Eurocities는 통합과정의 주요한 행위자가 유럽연합과 회원국 정부뿐 아니라 지방정부까지 확대되었다는 사실을 보여준다. Eurocities는 유럽연합 내 주요 도시들이 공통적으로 겪고 있는 사회경제적 문제에 효과적으로 대처하기 위해 비 유럽연합 회원국의 대도시를 포함한 유럽 내 30개 국가에 걸쳐 120여개 도시가 참여하는 일종의 정책네트워크이다. Eurocities는 지방정부간 자발적 협력을 토대로 집행위원회의 재정, 정보 및 인적지원을 통해 운영된다.[76] 단일유럽의정서 전까지 유럽연합에 존재하는 많은 지방간 정책네트워크나 연합은 제한된 수준에서 정보교환 등 상징적인 협력 수준을 벗어나지 못하였다. 그러나 Eurocities는 다양한 분야에 걸쳐 유럽연합의 도시들이 겪는 문제에 대한 실질적 해결책을 강구하는데 초점을 두고 결성되었다는 점에서 지방의 유럽을 상징하는 대표적인 정책네트워크가 되었다 이러한 사실에서 유럽연합에서 지방정부간 정책네트워크는 관련 정부간 자발적 협력뿐 아니라 지방정부와 집행위원회간 밀접한 협력을 가능케 하는 가장 중요한 제도적 조건이 되었다.[77] 나아가 유럽지역이사회(CEMR: Council of European Municipalities and Regions) 같은 경우 통합과정이 성숙하면서 점차 집행위원회에 대한 로비창구 역할을 담당하게 되었다는 점에서 지방간 정책네트워크의 다양한 목적을 확인할 수 있다.

결과적으로 1990년대 활성화된 지방정부간 탈국경적 정책네트워크는 유럽차원에서 지역간 사회적 서비스를 공유하거나 공동의 문제에 보다 효과적으로 대처하기 위한 기능적 목적에서 비롯되었다. 중요한 사실은

Transmanche Euroregion와 Eurocities의 경우와 같이 지방정부는 회원국의 중앙정부와 별개로 국경을 넘어 연합하여 산업인프라를 구축하고, 정보를 공유하며 유럽차원에서 이해관계를 추구하는 통합의 주체가 되었다는 점이다. 이러한 맥락에서 지방정부간 정책네트워크는 유럽연합이 1990년대 중반 이후 구조, 정치 행위자 및 작동원리가 이전과는 상이한 새로운 양상으로 전개되고 있다는 실증적 예이다. 지방정부간 정책네트워크의 활성화는 유럽연합으로 권한이 수렴되는 초국가적 통합이나 정부간 협상만으로 설명할 수 없다. 통합이 심화되면서 유럽연합으로의 수렴과 동시에 지방정부 고유의 이해관계가 유럽차원에서 논의되고 또한 지방정부의 자치권과 정체성이 확대되고 있다. 이에 따라 초국적 통합 속에서 지방정부의 분권적 이해를 추구하기 위한 탈국경적 정책네트워크가 활성화되고 있다. 이러한 현상은 유럽연합, 중앙 및 지방정부 등 서로 다른 정부들이 유럽정체(European Polity)라는 통합된 정치구조를 배경으로 상호작용하는 유럽화라는 새로운 정치과정의 단면이다.

2. 지방정부간 수평적 협력 : 환경정책의 운영

알파인 협정(Alpine Agreements)은 회원국 혹은 지방정부의 공공정책이 국경을 넘어 유사한 정책과 연계하고 이 과정에서 다양한 비정부간 행위자가 참여하여 국내정책이 유럽연합 차원에서 논의되어가는 유럽화의 대표적 실례이다. 1991년 알프스 지역에 걸쳐있는 7개국이 체결한 알파인 협정은 중앙정부, 지방정부 및 비정부간 기구를 위시한 사회적 행위자들이 국경을 넘어 정책네트워크를 형성해 유럽연합 차원에서 문제해결을 꾀한 것이다.

1990년대 들어 유럽연합과 회원국의 환경정책은 정책목적과 실행과정에서 이전과 차별되는 변화가 야기되었다. 변화의 핵심은 환경정책도 결속정책과 유사한 맥락에서 여러 사회경제정책과 결합되고 관련된 회원국정부, 지방정부, 기업 및 이익집단들이 수평적 협력시스템을 구축해 공동으로 정책을 진행한다는 것이다. 유럽연합에서 환경정책 결정 및 실행과정은 결속정책과 유사한 맥락에서 이종구조로 설명할 수 있다. 즉, 수직적 위계의 정점에 위치한 중앙정부는 해당 지방정부와 연합하여 공동으로 정책을 결정하고 실행한다. 동시에 중앙 및 지방정부는 국경을 넘어 또 다른 정부와 수평적 협력시스템을 구축하여 집단적 문제해결을 꾀한다. 이러한 수직·수평구조는 경우에 따라 수직구조 내에서도 수평적 연계가 이루어지고 그 반대의 현상도 야기된다. 한편 기존에 유럽연합, 중앙 및 지방정부는 환경관련 비정부간 기구들과 동반자 관계를 맺고 공동으로 정책을 결정하고·집행한다. 이러한 비정부간 기구들 역시 중앙 및 지방정부들과 수직적 연합은 물론이고 국경을 넘어 또 다른 비정부간 기구들과 수평적으로 연계한다. 경우에 따라 비정부간 기구는 유럽연합 차원에서 중앙 집중적 의사결정을 갖는 기구로 발전하고 있다. 환경정책에서 비정부간 기구가 중요성을 갖는 것은 이들이 전문적인 지식을 보유하며 탈국경적인 보편적 이해를 통해 유럽연합 차원에서 강력한 결속력을 갖기 때문이다. 이에 따라 중앙과 지방정부들은 정책의 효과적 진행을 위해 비정부간 기구와 다양한 정책네트워크를 형성하는 것이 일반화 되어있다.

오래 전부터 알프스 지역은 친환경 인프라 구축과 효과적인 환경정책 시행으로 여타 산악지역 보다 높은 인구밀도와 소득수준을 이루었다. 프랑스 지역인 북알프스와 스위스 미터랜드(Mittelland) 지역은 대표적 경우이다. 이러한 성공은 알프스를 둘러싼 국가와 지방정부 및 비정부간 기구간 효과적인 정책네트워크의 운용에 기인하였다. 1957년에 체결된 로마조약의 가시적 목표는 회원국간 공동시장 창설이었다. 이에 따라 환경정책과 같은 사회정책은 공동시장 완성을 위한 일종의 규제 조치에 불과하였다. 이러한 조약 목적에 따라 회원국이 개별적으로 시행하는 환경정책은 비관세장벽 효과를 낳지 않는 이상 당시 유럽공동체가 직접 관여하지는 않았다. 또한 당시에는 유럽공동체 차원에서도 국제적인 환경이슈를 다루지도 않았다. 1960년대까지 회원국 내부에서도 환경문제는 녹색당과 같은 진보적인 정치세력에게만 회자되는 이슈에 불과하였다. 이러한 분위기를 반영하여 1970년대 이전까지 유럽공동체가 시행한 환경관련 정책은 1967년 위험물 포장과 라벨링 시스템을 통일하기 위한 지침(directive) 제정이 거의 유일하였다. 그러나 점차 환경보호에 대한 사회적 인식이 확산되면서 유럽연합은 1972년에 환경정책 실행프로그램

(Environmental Action Programmes)을 시행하고 이후 현재까지 5차에 걸쳐 프로그램을 진행하고 있다.[78]

그러나 1, 2차 환경정책 실행프로그램은 경제성장에 의해 야기된 환경오염 문제 해결을 위한 정부간 협력 수준에 머물렀다. 이후 1983년에 시작된 3차 환경정책 실행프로그램에서부터 집행위원회가 정책을 주도하는 초국가 성격을 갖게 되었다. 그러나 당시 실행프로그램은 대부분 환경영향평가를 통한 대기오염이나 수자원오염 방지 등 소극적인 환경보호 수준에 머물렀다. 이러한 정책목적과 내용에 따라 1980년대까지 유럽연합의 환경정책은 회원국에 일괄적으로 단일규제를 부과하는 규제정책의 성격을 가졌다.[79] 그러나 1980년대 전반에 걸쳐 환경문제가 경제사회적 이슈로 부각되었다. 결정적으로 단일유럽의정서 체결 이후 시장통합 계획이 가시화되면서 환경정책은 결속정책과 함께 시장기능을 활성화하고 보완하는 주요한 사회정책으로 자리 잡았다. 또한 시장통합에 따라 환경문제는 국내정책을 벗어나 유럽적 이슈가 되면서 초국가 수준의 규제뿐 아니라 해당 중앙 및 지방정부간 협력을 고무할 초국가 수준의 정책지원이 요구되었다. 이러한 현실을 반영하여 1990년대 초부터 독일, 네덜란드 및 프랑스 등 높은 수준의 환경규제를 실행하는 회원국들이 중심이 되어 유럽연합 차원의 강화된 환경정책을 요구하였다. 여기에 높은 수준의 환경규제 시스템을 갖는 스웨덴과 핀란드가 1995년에 유럽연합에 가입하면서 환경정책에 대한 변화요구가 더욱 거세어졌다. 특히 북유럽 가입국들은 환경 관련 산업에서 높은 수준의 기술력을 배경으로 환경정책을 일종의 산업정책으로 고려하였기 때문에 유럽연합 차원에서 정책패러다임의 변화가 불가피하였다.[80]

환경정책은 규제정책이면서 산업정책이며, 동시에 통합된 시장에서 일종의 무역장벽 효과를 야기할 수 있는 요인이 되므로 단일시장정책과도 깊은 관련이 있다. 특히 환경규제가 비교적 느슨한 회원국에 있어, 유럽연합의 환경규제는 산업발전을 위한 일종의 장벽으로 작용할 소지를 갖게 되었다. 이에 따라 환경정책은 환경보호를 위한 규제적 성격을 벗어나 지역개발 및 산업발전을 지원하는 중요한 사회정책으로 성격이 변화하였다. 이 결과 5차 환경정책 실행프로그램은 '지속적인 발전(Towards Substantiality)'이라는 정책 목표를 통해 환경보호와 경제사회정책이 융합된 복합적인 정책으로 변모하였다. 중요한 사실은 경제사회정책으로 변모한 환경정책에서 결속정책과 유사한 정책구조가 형성되었다는 사실이다. 즉 환경정책은 결속정책과 유사하게 정책과정에서 집행위원회가 지방정부 및 비정부간 기구와 동반자를 맺고 다양한 사회적 요구를 반영하게 되었다. 또한 결속정책의 예처럼 환경정책에서도 관련된 여러 프로그램을 한데 묶어 진행하는 중기정책(medium term policy)의 성격이 강화되었다.[81]

환경정책은 또한 유럽의회의 적극적인 참여를 동반한 다층화된 정책과정으로 변화하였다. 단일유럽의정서를 통해 유럽의회가 협력절차(cooperation procedure)와 공동결정절차에 참여하면서 지방정부와 비정부간 기구들은 집행위원회뿐 아니라 유럽의회와도 다양한 정책네트워크를 형성하였다. 이러한 정책네트워크를 배경으로 유럽의회는 환경정책에서 주도적 권한을 행사할 수 있게 되었다. 실제로 1990년대 들어 친환경제품에 부착하는 환경라벨(Eco-label) 규정(regulation), 자발적인 환경평가(Eco-audit) 그리고 회원국정부의 환경오염 자료에 대한 자유로운 접근 보장과 같은 주요한 조치가 유럽의회의 주도로 입법화되었다. 집행위원회 역시 1980년대 말부터 유럽차원의 환경정책 프로그램을 운영하면서 지방정부와 동반자 관계를 강화하여 다양한 조치를 취하였다. 이와 병행하여 집행위원회는 1994년에 코펜하겐에 설립된 유럽환경기구(European Environmental Agency)와 같이 유럽차원에서 관련 비정부간 기구를 적극 지원하였다. 이러한 초국가 수준에서의 정책패러다임 변화로 유럽연합의 환경정책은 규제 일변도를 탈피하고 다양한 사회적 행위자가 참여하는 집단합의 시스템을 통한 사회경제정책으로 변화하였다.[82]

이와 같이 1990년대 이후 유럽연합에서 환경정책은 다양한 이슈가 얽히고 여러 행위자가 참여하는 사회정책의 성격을 갖게 되었다. 이 결과 환경정책은 국가간 협력을 요하는 유럽적 이슈가 되었고 특정 국가가 지배적인 협상권한을 누릴 수 없게 되었다. 또한 국가내부에서도 유럽적 규제가 확대되면서 중앙집권적 규제와 정책이 제약되므로 지역간 네트워크를 통한 공동의 문제해결 방식이 요구되었다. 또한 전문적인 기술입법을 요하는 환경이슈에서는 글로벌 수준과 국가 수준 모두에서 전문성을 갖는 조직화된 비정부간 기구가 깊숙이 참여하는 것이 일반적인 패턴이 되었다. 이러한 상황을 반영하여 유럽연합에서 환경정책 및 관련 규제의 제정과 집행은 공적·사적행위자를 망라한 집단적 합의시스템으로 변화하였다.

유럽연합은 집행위원회, 회원국 및 지방정부 등 위계적 위치에 있는 각 정부가 층을 이루며 각자 고유한 권한을 갖는다.[83] 그럼에도 집행위원회, 중앙정부 및 지방정부는 특정 이슈에 있어 수평적으로 연합하여 정책을 결정하고 실행한다. 특히 정책실행과정에서 각 행위자간 수평적 상호작용은 보다 두드러진다. 환경정책은 결속정책과 함께 이러한 다층화된 정책과정이 형성된 대표적인 정책영역이다. 1990년대 이후 지방정부는 본 정책에서 중앙정부의 의사와 무관하게 집행위원회와 쌍무관계를 맺고 정책을 실행하는 것이 보편적 현상으로 자리 잡았다. 또한 환경정책은 지역적 이해가 깊숙이 개입된다는 점에서 국경을 넘어 인접 지방정부간 연합은 자연스러운 현상이 되었다. 여기에 각 지방과 국가 수준의 환경단체들이 집행위원회로부터 지방정부의 정책까지 개입하면서 환경정책에서는 유럽차원의 수직·수평적 정책네트워크가 복잡하게 형성되었다.

알프스 지역을 중심으로 형성된 알파인 협정은 이러한 다층화된 정책집행과 지방정부와 관련 비정부 기구간 복잡한 정책네트워크의 전형을 보여준다.[84] 유럽의 산악지대는 희소한 인구와 경제사회적 차원의 저발전이라는 공동의 문제를 안고 있다. 산악지형은 특성상 산업단지 개발이 제약되고 관광자원 개발 역시 인프라 구축에 많은 비용이 요구된다. 이에 따라 유럽의 많은 산악지형은 환경보존을 명목으로 미개발 지역으로 남겨져 있다. 더욱이 산악지형은 알프스와 피레네 지역 등에서 볼 수 있듯이 국경을 맞대고 있는 경우가 많아 정책진행시 해당 국가간 합의를 요하므로 체계적인 관리와 개발이 더욱 어렵다.[85] 그러나 유럽연합의 5차 환경정책프로그램의 목표인 '지속가능한 개발'에서 볼 수 있듯 환경보존과 낙후지역 개발은 별개의 정책이 아니다. 효과적인 환경보존을 위해서는 결국 해당 지역주민의 삶의 질을 높이는 사회경제정책이 동반되어야 실효를 거둘 수 있다. 동시에 체계적인 환경보존과 개발은 국가 내에서 중앙 및 지방정부간 연합뿐 아니라 관련 비정부간 기구간 협력을 통해서만 이 성과를 거둘 수 있다. 특히 알프스와 같이 국경지역의 경우 정책실행을 위해 탈국경적 협력은 반드시 요구된다.

알파인 협정은 1989년 1차 알파인 회담(Alpine Conference)으로부터 연원을 찾을 수 있다. 알프스 지역은 고립된 산악지대 특유의 문화적 정체성에 의해 인접한 지방정부간에 동질적인 유대가 형성되어 왔다. 특히 알프스 지역의 경우 인접한 모나코를 비롯하여 대부분의 해당국가에서 인구밀집지역으로 그동안 다양한 사회경제적 협력이 이루어져 왔다. 알파인 협정 체결 8개국 내의 알프스 지역 인구를 모두 합치면 1,360만 명에 달하며 이중 이탈리아가 가장 많은 410만여 명이 거주하고 있다.

표 6 ▶ 알파인 협정 체결국

협정 체결국	면적 비율	인구비율
이탈리아	27.3%	30.1%
오스트리아	28.7%	23.9%
프 랑 스	21.4%	18.0%
스 위 스	13.2%	12.8%
독 일	5.8%	10.1%
슬로베니아	3.5%	4.7%
모 나 코	0.001%	0.2%
리히텐슈타인	0.08%	0.2%
알프스 지역	총면적 190,600 km^2	총 인구 1,360만 명

출처 : Standing Committee of the Alpine Convention (2008), The Alpine Convention, Ministry of the *Environment and Territory*, Italy.

그러나 1980년대 말까지 알프스 지역에서 국경을 넘어 이루어진 정책 협력은 문제를 공유하는 지방정부간 일종의 외교적 협력에 머물러 있었다. 이러한 제한된 협력이 집행위원회의 참여를 동반하면서 제도화된 것은 1990년대 이후 유럽연합의 구조적 변화에 기인한다. 1990년대 이후 시장통합 계획이 진행되면서 환경정책 역시 결속정책과 유사한 맥락에서 유럽연합, 회원국정부, 지방정부 및 사회적 행위자가 모두 관여하는 다층화된 정책과정이 형성되었다. 이에 따라 국내정책이 유럽적 이슈화하고, 역으로 유럽적 환경이슈가 국내정책과 연계되었다.

알프스 지역에서 유럽적 정책네트워크의 필요성을 최초로 제기한 것은 환경단체를 위시한 비정부간 기구들이었다. 1980년대 전반에 걸쳐 오스트리아, 독일 및 스위스 등 3개 국가의 환경단체는 국경을 넘어 정부간 협력을 주장하였다. 관련 국가와 지방정부는 이러한 비정부간 기구의 주장에 호응하여 1989년 10월 최초의 알파인 회담을 개최하였다. 이후 1991년 11월에는 오스트리아 짤즈부르그에서 상기 3개국 외에 이탈리아, 리히텐슈타인, 프랑스와 구 유고연방의 슬로베니아 등 7개국의 환경장관들과 집행위원회가 참석하여 2차 알파인 회담을 개최하였다. 2차 알파인 회담의 참여 국가들은 알프스가 자연환경, 경제적 조건 및 문화적 전통을 공유하는 지역으로 유럽차원에서 지역적 정체성에 맞는 고유한 환경정책과 경제사회정책이 필요하다는데 인식을 같이하였다. 이에 따라 참여국은 집행위원회와 함께 환경보존을 위한 여러 규제적 조치를 담은 녹색기본협정(The Green Framework Agreement)을 체결하여 1995년 3월부터 효력에 들어갔다.[86] 여러 부속협정 중 첨예한 논란이 되었던 것은 운송협정으로 당시 오스트리아는 환경보존을 이유로 본 부속협정 서명을 미루다 2000년 10월에 최종적으로 서명하였다.[87] 이러한 알파인 협정의 진행과정은 다음과 같이 크게 세 가지 차원에서 유럽화의 전형적인 속성을 보여준다.

첫째, 알파인 협정은 국내정치가 유럽적 이슈화하여 이해관계를 공유하는 행위자간 일종에 문제해결을 위한 정책네트워크이다. 알프스 지역은 유럽연합 차원에서 결속정책의 주 대상지역으로 다양한 유럽적 규제가 적용되는 곳이다. 이에 따라 집행위원회뿐 아니라 유럽의회까지 환경정책과 결속 및 농업정책 차원에서 알파인 협정에 참여하고 있다. 또한 본 협정은 유럽연합 회원국뿐 아니라 스위스와 모나코와 같이 공동의 문제를 안고 있는 비유럽연합 회원국은 물론이고 UN을 위시한 국제기구까지 참여하는 정책네트워크이다. 이에 따라 정책결정을 위한 의결 및 정책진행 그리고 모니터링 기능 등 다양한 정책과정 기능이 여러 행위자들에게 분산되어 있는 다층화된 구조를 갖는다. 알파인 협정의 최고의결기구는 매 2년마다 개최되는 협정체결회의(Conference of Contracting Parties)이다. 본 회의는 주로 각국의 환경장관이 참여하며 이외에도 집행위원회를 위시해 UN, 유럽이사회(Council of Europe)와 알프스 지역 내 여러 비정부간 기구들이 옵서버로 참여한다. 격년으로 개최되는 협정체결회의에서는 정책을 진행할 실무그룹(Working Group) 구성, 내부 규정제정 및 다양한 정책제안에 대한 검토와 승인 등 전반적인 정책을 관장한다. 또한 협정체결회의 대표들로 구성된 상임위원회(Standing Committee)는 부속협정체결과 모니터링 기능을 수행한다.[88]

둘째, 알파인 협정은 결속정책과 유사한 목적을 갖는 사회경제정책으로 환경, 문화 및 산업 등 다양한 이슈가 한데 묶여 총체적인 정책을 시행하는 집단적 합의시스템이다. 알파인 협정은 환경보존과 이러한 환경보존을 위한 개발프로그램이라는 서로 상반된 정책 목적을 담고 있다. 다중적인 정책목적을 동시에 취하기 위해 알파인 협정은 기본협정과 부속협정으로 구성되어 있는데 전자는 협정의 기본목적과 협정 참여국의 의무

사항을 명기하고 있다. 이외에 기본협정에서는 협정 체결국가간 제도화된 협의를 위한 규정과 절차를 담고 있다. 반면에 부속협정은 운송, 문화, 토양 및 수자원 보호 폐기물 관리 문화적 정체성 등 환경보호를 위한 각종 기반시설 구축과 개발정책을 담고 있다. 이와 같이 알파인 협정은 규제 및 재분배정책이 한데 묶인 복합적 성격을 갖는다.

표 7 ▶ 알파인 협정 내용

조 약	내 용
조약 1조 (Article 1)	• 알프스 지역의 지정학적 경계 설정
조약 2조 (Article 2)	• 알프스 지역에 대한 주요 공동조치 - 지역주민의 복지, 지역발전, 문화적 정체성, 대기오염, 토양 및 수자원 보호, 알프스 인근 지역을 포함한 자연환경 보존, 산악지대 농업, 산림보호, 관광 및 휴양지 개발, 운송, 에너지, 및 폐기물 관리
조약 3조 (Article 3)	• 연구개발 및 모니터링
조약 4조 (Article 4)	• 정례회담 개최 및 기능
조약 5-8조 (Article 5-8)	• 상설사무국(Permanent Secretariat) 설치(향후 계획)
조약 9조 (Article 9)	• 부속협정 수정 조항
조약 10-11조 (Article 10-11)	• 협정 서명 및 비준 절차
조약 12-14조 (Article 12-14)	• 예산 및 재정운영(향후 계획)

셋째, 알파인 협정의 결정과 실행은 해당 중앙정부뿐 아니라 지방정부와 환경단체가 참여하는 다층화된 거버넌스 구조로 이루어져 있다. 그럼에도 사활적 이해를 갖는 지방정부의 다양한 이해관계가 우선되어 유럽 차원에서 논의되고 실행된다는 유럽적 거버넌스 과정을 보여준다. 물론 알파인 협정의 체결 주체는 중앙정부이지만 각 국에서 알프스 지역에 위치한 지방정부의 이해가 보다 깊숙이 개입되어 있다. 대부분의 경우 환경

이슈에서는 해당 지방정부가 중앙정부보다 더 큰 이해관계를 갖고 있어 부속협정의 체결과 집행 과정에서 지방정부가 중앙정부에 비해 더 큰 영향력을 행사하고 있다. 특히 스위스의 경우 독특한 직접민주주의 헌정구조에 의해 지방정부(canton)가 대외조약 체결에도 관여하므로 알파인 협정에서 중앙정부와 동등한 권한을 갖고 참여하고 있다. 이에 따라 알파인 협정에서는 알프스지역의 각 지방정부들이 강력한 자치권을 배경으로 독립적인 정책 노선을 취하고 있다.[89]

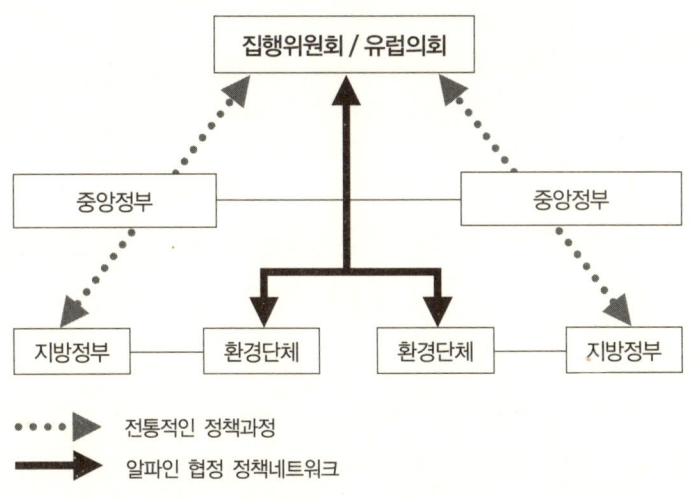

그림 5 ▶ 알파인 협정의 결정과 집행구조

나아가 알파인 협정은 오랜 연원을 갖는 본 지역의 환경단체에 의해 최초로 주도되었다는 사실에서 유럽적 이슈에서 확대된 사회적 행위자의 공적 권한을 확인할 수 있다. 본 지역의 대표적인 환경기구인 유럽운송연합(ITE: European Transport Initiative)과 알프스보존국제위원회(CIPRA:

International Commssion for the Protection of the Alps)는 회원국 정부와 지방정부간 이해관계 조정 및 기술적 입법 등에 깊숙이 관여하고 있다. 이러한 국경을 넘어 결성된 비정부간 기구들은 중립적 입장에서 집행위원회와 동반자 관계를 맺고 환경정책의 공공성을 강화하는 중요한 역할을 담당하고 있다. 동시에 이들 비정부간 기구들은 이슈에 따라 관련 중앙 및 지방정부와 쌍방향의 정책네트워크를 형성해 고유한 이해관계를 관철하고 있다.[90]

이와 같이 알파인 협정은 환경보전과 개발, 유럽연합 회원국과 비회원국, 그리고 참여국과 비정부 기구간 상이한 목적이 복잡하게 얽힌 정책네트워크이다. 유럽화는 초국가 규제의 확장에 따른 유럽연합으로의 제도적 수렴만을 의미하지는 않는다. 여기에서는 유럽연합으로의 수렴과 동시에 각 회원국과 지방정부의 고유한 이해관계의 분화가 동시에 이루어진다. 또한 유럽화는 국가 내 하위정부와 사회적 행위자의 공적 권한 확대와 더불어 주요한 정치적 결정은 여전히 국민국가 패러다임이 지배한다는 현실을 보여준다. 알파인 협정에 참여한 국가간 첨예한 이해관계 대립은 이러한 맥락을 말해준다.

구체적으로 알파인 협정 체결국의 정책노선은 크게 두 가지 범주로 구분할 수 있다. 먼저, 높은 수준의 환경보호 조치를 추구하는 오스트리아와 스위스로 이들 국가는 관광자원 개발과 도로 건설 등 환경관련 인프라 구축에 소극적 정책을 취하고 있다. 이탈리아는 오스트리아 및 스위스와 다른 맥락에서 적극적인 환경개발 정책을 취하지 않는 국가이다. 이탈리아의 경우 여타 협정체결국에 비해 상대적으로 알프스 지역의 경제사회적 중요성이 떨어지기 때문이다. 이탈리아 중앙정부의 입장에서 볼 때 알프스 지역은 수도와 멀리 떨어진 변방이며 경제적 측면에서 발전 동인이 크지 않는 지역이기 때문이다. 반면에 프랑스와 독일은 경제사회적 이유로 알프스 지역에서 적극적으로 친환경 개발을 취하는 국가들이다. 특히 프랑스는 알프스를 관통하여 지중해 지역에 이르는 TGV 건설 사업을 추진하고 있어 소극적 개발정책입장을 취하는 오스트리아 및 스위스와 극단적인 대립관계를 유지하고 있다.

물론 알파인 협정의 가장 큰 목적은 알프스지역의 환경보전이다. 이러한 목적의 경우 회원국과 지방정부 및 비정부간 기구간에 공동입장 형성이 용이하다. 문제는 알파인 협정이 지속가능한 환경개발이라는 다중적 목적을 포함하여 관련 사회경제정책 운용과정에서 회원국 및 지방정부간 의견의 폭이 크다는 것이다. 의견이 첨예하게 대립하는 부분은 운송정책부분이다. 구체적으로 여기에는 두 가지 대비되는 입장이 존재한다. 먼저, 경직된 환경보호 입장을 취하는 오스트리아로 그 동안 알프스를 관통하는 도로신설에 강력히 반대하여 왔다. 대신에 환경단체들의 지원을 받아 환경보호 측면에서 효과적인 철도운송의 확대를 주장하여 왔다.[91]

스위스는 더 나아가 알파인 협정에서 제기하는 모든 사회경제정책을 거부하는 대표적인 국가이다. 특히 알프스 지역에 위치한 스위스의 주정부(canton)는 환경보호를 이유로 유럽연합은 물론이고 유럽경제지대(EEA; European Economic Area) 가입마저 거부할 정도로 완강한 친환경정책을 고수하고 있다. 스위스 지방정부는 알프스 지역의 육로운송에 엄격한 규제 조치를 취하고 경제적 타당성과 무관하게 도로 및 터널건설에 반대 입장을 취하고 있다. 이와 같이 친환경개발에 부정적 입장을 취하는 스위스의 중앙 및 지방정부는 동일한 정책노선을 갖는 비정부간 기구인 유럽운송연합과 밀접한 정책네트워크를 형성하고 있다. 실제로 유럽운송연합은 스위스알파인연합(Swiss Alpine Initiative)을 모태로 출범하였다는 점에서 스위스가 갖는 알프스 지역에 대한 집착을 이해할 수 있다. 남북유럽을 잇는 길목에 위치한 스위스 내 알프스 지역은 유럽차원에서 운송량의 증가로 야기될 환경오염 문제에 민감한 정서를 갖고 있다. 여기에 스위스는 독특한 분권적 정치시스템과 비유럽회원국이라는 정치적 지위 그리고 강력한 환경보호 단체인 유럽운송연합의 지지를 업고 친환경개발에 완강한 반대노선을 견지하고 있다.

　스위스의 강경한 입장은 스위스 내 알프스 지역을 관통하는 화물트럭에 대한 세금징수제도인 RPLP(fees on heavy-duty vehicles)의 운영에서도 극명하게 드러난다. RPLP는 알프스 지역을 통과하는 트럭의 배기량과 화물량 및 운행거리를 합산하여 통행세를 부과하는 제도이다. 물론 RPLP는 사용자 부담 원칙에 따라 도로신설 및 보수 등 인프라 구축이나 관련 비용을 징수하는 제도이다. 그러나 보다 큰 정책시행 목적은 환경보존을 위해 차량 통과를 최대한 억제하는 것이다. RPLP는 1998년 스위스알파인연합, 그린피스(Greenpeace), 스위스운송노조(SEV) 및 스위스노조(USS) 등 환경단체와 노조의 적극적인 도입 캠페인에 힘입어 2002년부터 스위스와 리히텐슈타인 내에서 시행되고 있다. 당시 스위스와 리히텐슈타인에서 RPLP 도입에 결정적 역할을 한 유럽운송연합은 이러한 노선을 더욱 확대하여 본 제도를 모든 유럽연합 회원국에 적용하기 위해 유럽의회에 청원권을 제기하고 적극적인 로비활동을 전개하고 있다.[92]

　물론 스위스의 지방정부가 모두 친환경개발에 반대 입장을 표명하는 것은 아니다. 1990년대 초 스위스가 유럽연합 가입을 고려할 때 다수를 차지하는 독일어권 지방정부와 프리보르그(Fribourg)와 발라이스(Valais)와 같은 프랑스어-독일어 혼용 지방정부간에 의견이 분열되었다. 이러한 이유는 독일어권 지역이 밀집한 도시지역은 유럽연합 가입에 적극적인 반면 알프스 지역에 위치한 농촌지역에서는 환경보존을 이유로 유럽연합 가입을 반대하였기 때문이다.[93] 그럼에도 스위스 대부분의 지방정부 입장은 알프스 지역의 보존으로 이러한 노선이 중앙정부의 환경정책 기조에 강력히 반영되고 있다.

반면에 프랑스 및 독일은 친환경개발에 적극적인 입장을 취하는 국가들이다. 개발 지향적 환경정책을 취하는 이들 국가들은 니스-칸(Nice-Cuneo)과 빈-뮌헨(Venice-Munich)을 잇는 자동차 전용 도로 신설을 통해 본 지역의 경제 활성화에 관심을 기울이고 있다. 실제로 프랑스는 TGV를 지중해 지역까지 연장하고 알프스를 관통하는 자동차 전용 터널건립 계획을 오래전부터 구상하여 왔다. 프랑스 정부는 이와 같이 지속가능한 개발에 초점을 두면서 국내에서 유사한 입장을 갖는 환경단체와 긴밀한 연계를 초국가기구. 그러나 스위스 지방정부의 완강한 노선에 부딪혀 실제 계획은 진행되지 않고 있다.

한편 알파인 협정에 관여하는 정부간 기구 역시 서로 대비되는 입장을 취하고 있다. 유럽운송연합(ITE)은 스위스를 중심으로 알프스 지역의 육로운송을 억제하기 위하여 기술 및 규제활동을 전개하고 있다. 유럽운송연합은 최소한의 도로건설과 통행량에 대한 철저한 감독을 통해 알프스 지역의 환경보존을 꾀한다는 목적을 갖고 있다. 물론 유럽운송연합이 알프스 지역 내 육로운송을 위시한 여러 인프라 건설을 모두 반대하는 것은 아니다. 그러나 유럽운송연합은 알프스지역의 개발은 어떠한 경우에도 환경보존이라는 목적이 먼저 선행되어야 하며 개발은 최소한의 수준에서 이루어져야 한다는 원칙을 고수하고 있다.[94] 반면에 알프스보존국제위원회(CIPRA)는 관광개발과 인프라 구축을 통한 개발지향적인 자연생태환경 보전정책을 취하고 있다. 알프스보존국제위원회는 국가간 협력을 통한 환경보전과 다양한 사회경제적 이슈에 관심을 갖는 비정부간 기구로 오래 전부터 알프스 지역에 구축된 정책네트워크를 활용하여 환경생태 보존과 생태관광자원 개발에 깊숙이 관여하고 있다.

표 8 ▶ 알파인 협정에서 비정부간 기구의 역할

정책 영역	주요 참여자	정책 내용
과학/기술 부분	• CIPRA	• 환경생태지역(eco-region) 보존 및 관광개발
	• ITE	• 경제적 평가 및 재정 조달(RPLP)
사회정치 부분	• CIPRA	• 지역 네트워크 활성화
	• ITE	• 국가간 육로운송 시스템화
규제 부분	• 회원국정부	• 알파인 협정 이행 및 감독
	• ITE	• 환경보호를 위한 육로운송 규정 감독

한편 알프스지역의 도로 운송부분은 유럽연합 차원에서 남북균형발전을 위해 반드시 필요한 인프라이다. 이러한 점에서 집행위원회 역시 운송부분 부속협정 체결에 깊숙이 개입하고 있다. 그러나 비유럽연합 회원국인 스위스의 완강한 반대에 부딪혀 현재까지 제도적 해결책을 찾지 못하고 있다. 또한 알프스 지역에서 육로운송은 남북유럽의 길목에 위치한 지정학적 위치로 인해 유럽 산업계가 깊은 이해를 갖고 있다. 1990년대 초부터 유럽 산업계에서는 알파인 협정 체결국 중앙정부와 지방정부 뿐

아니라 집행위원회에 대한 로비를 통해 도로 확충과 통행비 인하를 요구하여 왔다.

이와 같이 알파인 협정은 환경보존이라는 원래의 취지와 더불어 사회경제적 이해가 담긴 친환경개발에서는 유럽연합, 회원국 및 지방정부, 비정부간 기구 그리고 산업계간 다양한 이해관계가 얽혀있는 정책네트워크이다. 알파인 협정은 회원국정부와 지방정부들이 공통으로 안고 있는 문제를 해결하기 위해 유럽차원에서 다양한 사회적 행위자와 함께 유럽연합의 집행위원회 및 유럽의회와 복잡한 정책네트워크를 형성한 대표적 사례이다. 이러한 복잡한 정책네트워크가 활성화된 것은 1990년대 이후 다층화된 거버넌스 구조라는 유럽연합의 구조적 조건에서 비롯된 것이다. 1990년대 들어 유럽연합과 회원 각국은 규제조치를 통한 환경보호라는 소극적 정책에서 탈피하여 환경친화적 개발로 정책방향을 선회하였다. 이러한 변화는 장기적 차원에서 정책의 효과를 극대화하기 위해서는 지역사회 발전정책과 융합되어야 한다는 인식에서 비롯된 것이다. 이에 따라 유럽연합 차원에서 환경정책과 지역개발은 불가분의 관계를 맺고 국가 혹은 지역간 연합을 통해 진행되는 사회경제정책의 성격을 갖게 되었다.

따라서 알파인 협정은 국내정치 이슈가 유럽적 이슈가 되어 다양한 행위자들간에 집단 합의시스템을 통한 정책결정과 집행이 이루어지는 유럽화의 전형적인 단면이다. 즉 알파인 협정은 다층화된 거버넌스 구조를 배경으로 유럽연합으로의 이해관계 수렴과 각 국가와 지방의 고유한 선호가 유럽적 차원에서 조정되는 구조와 과정이다. 이 과정에서 회원국 및 지방정부들은 협정 내에서 세부적인 이슈에 따라 국경을 넘어 또 다른 회원국 및 지방정부와 쌍무관계를 형성하고 비정부간 기구와 쌍방향의 정책네트워크를 형성하고 있다. 따라서 알파인 협정은 유럽연합으로부터 지방정부까지의 수직적 정책네트워크 그리고 국경을 넘어 형성된 중앙 및 지방정부간 수평적 정책네트워크로 구성되어 있다. 이러한 수직·수평적 정책네트워크 내에서 또 다시 사회적 행위자를 포함하여 여러 행위자간 쌍방향의 정책네트워크가 존재하는 다층화된 거버넌스 구조이다. 무엇보다도 알파인 협정은 환경정책과 같은 규제적 속성을 갖는 정책에서도 재분배정책과 유사한 복잡한 정책네트워크를 통해 운영되고 이 과정에서 지방정부와 유럽차원의 사회적 행위자들이 국경을 넘어 연계하고 유럽적 이슈에서 주요한 행위자로 등장하였다는 사실을 보여준다.

미주

1) Herwig C. H. Hofmann and Alexander Turk (2007), "The Development of Integrated Administration in the EU and its Consequences," *European Law Journal*, Vol. 13, Iss. 2, p. 254.
2) Stephan Leibfried and Dieter Wolf (2005), "Europeanization and the Unravelling European Nation State: Dynamics and Feedback Effects," *European Foreign Affairs Review*, Vol. 10, No. 4, p. 495.
3) Erik Oddvar Eriksen and John Erik Fossum (2002), "Europe at a Crossroads - Government or Transnational Governance?," *Advanced Research on the Europeanisation of the Nation-State*, Working Papers 02/35, pp. 9-10.(http://www.arena.uio.no/publications/wp02_35.htm)
4) *ibid.*, p. 5.
5) *ibid.*, pp. 5-6.
6) Michael Zürn (1999), "The State in the Post-National Constellation- Societal Denationalizaton and Multi-Level Governance," *Advanced Research on the Europeanisation of the Nation-State*, Working Papers 99/35, pp. 14-19.
(http://www.sv.uio.no/arena/publications/wp99_35.htm)
7) Simon J. Bulmer (1998), "New Institutionalism and the Governance of the Single European Market", *Journal of European Public Policy*, Vol. 5, No. 3, p. 366.
8) Mark A. Pollack (1996), "The New Institutionalism and EC Governance: The Promise and Limits of Institutional Analysis," *Governance*, Vol. 9, Iss. 4, p. 429.
9) Morten Egeberg (2004), "An Organisational Approach to European Integration: Outline of a Complementary Perspective," *European Journal of Political Research*, Vol. 43, Iss. 2, p. 200.

10) Wayne Sandholtz and Alec Stone Sweet (1998), "Integration, Supranational Governance, and the Institutionalization of the European Polity," *European Integration and Supranational Governance*, Wayne Sandholtz and Alec Stone Sweet eds., Oxford, Oxford University Press, p. 3.
11) Ben Rosamond (2000), *Theory of European Integration*, New York, Palgrave. p. 110.
12) Beate Kohler-Koch (2002), "European Networks and Ideas: Changing National Policies?," *Vienna University of Economics and Business Administration*, European online Integration Papers 2002-006, pp. 2-3. (http://eiop.or.at/eiop/pdf/2002-006.pdf)
13) James G. March and Johan P. Olsen (1998), "The Institutional Dynamics of International Political Order," *International Organization*, Vol. 52, No. 4, p. 946.
14) Katharina Holzinger and Christoph Knill (2002), "Path Dependencies in European Integration: A Constructive Response to German Foreign Minister Joschka Fischer", *Public Administration*, Vol. 80, Iss. 1, pp. 128-131.
15) *ibid.*, pp. 131-132.
16) Johan P. Olsen (2002), "Towards a European Administrative Space?," *Advanced Research on the Europeanisation of the Nation-State*, Working Papers 02/26, p. 6.
(http://www.arena.uio.no/publications/wp02_26.htm)
17) Stephan Leibfried and Dieter Wolf, *op. cit.*, p. 495.
18) Jan Olsson (2003), "Democracy Paradoxes in Multi-level Governance: Theorizing on Structural fund System Research," *Journal of European Public Policy*, Vol. 10, No.2, p. 284.
19) Simon J. Bulmer (1994), "The Governance of the European Union: A New Internationalist Approach," *Journal of Public Policy*, Vol. 13, pp. 352-353.
20) *ibid.*, pp. 354-377.
21) Christian Joerges (1997), "States Without a Market? Comments on the German Constitutional Court's Maastricht-Judgement and a Plea for Interdisciplinary Discourses," *Vienna University of Economics and*

Business Administration, European Online Integration Papers 1997-020, p. 2. (http://speth08.wu-wien.ac.at/eiop/pdf/1997-020.pdf)
22) Simon J. Bulmer (1998), *op. cit.*, p. 367.
23) 이호근 (2003), "유럽연합의 금융자유화와 화폐통합", 한국EU학회보, 한국EU학회, p. 4.
24) Johan P. Olsen, *op. cit.*, p. 3.
25) Stephan Leibfried and Dieter Wolf, *op. cit.*, p. 479.
26) Ben Rosamond, *op. cit.*, p. 402.
27) 유럽연합에서 민주적 정당성 결핍(democratic deficit) 문제는 범유럽적 시민사회 형성과 유럽적 정체성 형성이라는 맥락에서 이해해야 한다. 유럽적 정체성이란 유럽에서 상수로 존재하는 국가간 지역간 문화적 다양성과 언어적 분할과는 본질을 달리한다. 이는 유럽화라는 단일의 정치적 과정과 구조 내에서 유럽차원의 시민사회 형성을 통한 정치, 사회적인 공통의 정체성을 창출하는 것으로 초국가, 국가 그리고 시민사회간 보다 밀접한 관계를 통해 야기되는 것이다.
28) Johan P. Olsen, *op. cit.* p. 3.
29) *ibid.*, p. 3.
30) *ibid.*, pp. 4-5.
31) Michael Keating (1998), The New Regionalism in Western Europe, *Territorial Restructuring and Political Change*, Cheltenham, Edward Elgar, p. 9.
32) Peter Schmitt-Egner (2002), "The Concept of 'Region': Theoretical and Methodological Notes on its Reconstruction," *Journal of European Integration*, Vol. 24, No. 3, pp. 182-184.
33) *ibid.*, p. 4.
34) *ibid.*, p. 5.
35) Peter Schmitt-Egner *op. cit.* pp. 179-200.
36) 전통적 지역주의를 국제적 수준으로 확대하면 국가간 연합인 유럽연합과 아세안(ASEAN)과 같은 국가간 고도화된 연합으로까지 확대 적용할 수 있다. *ibid.*, pp. 188-190.
37) Andy Smith (1997), "Studying Multi-level Governance. Examples from French Translations of the Structural Funds," *Public Administration*, Vol. 75, Iss. 4, pp. 711-712.
38) Peter Schmitt-Egner, Peter, *op. cit.*, 8-10.

39) Arthur Benz and Bunkard Eberein (1998), "Regions in European Governance: The Logic of Multi-Level Integration," *European University Institute*, Robert Schuman Centre Working Paper 98/31, p. 2. (http://www.iue.it/RSC/WP-Texts/98_31.html)
40) Luis Moreno (2003), "Europeanisation, Mesogovernments and 'Safety Nets'," *European Journal of Political Research*, Vol. 42, Iss. 2, 273.
41) ibid., p. 272.
42) Arthur Benz and Bunkard Eberein, *op. cit*, p. 6.
43) Charli Jeffery (2000), "Sub-National Mobilization and European Integration: Does it Make any Difference?," *Journal of Common Market Studies*, Vol. 38 No. 1, pp. 8-9.
44) Robert Kaiser and Heiko Prange (2002), "A New Concept of Deepening European Integration? - *The European Research Area and the Emerging Role of Policy Coordination in a Multi-level Governance System,*" European Online Integration Papers, 2002-018, p. 4.
45) Christopher K. Ansell et al., "Dual Networks in European Regional Development Policy," *Journal of Common Market Studies*, Vol. 35, Iss. 3, 1997, p. 359.
46) John McCormick (2002), *Understanding the European Union*, 2nd Edition, New York, Palgrave, p .124.
47) Frank Bollen (1997), "Cohesion Policy in an Ever Larger Union," *European Institute of Public Administration*, EIPA Scope 97/3-4, p. 1.(http://eipa-nl.com/public/public_eipascope/97/3/main4.htm)
48) ibid., p. 4.
49) Christopher K. Ansell et al. (1997), "Dual Networks in European Regional Development Policy," *Journal of Common Market Studies*, Vol. 35, Iss. 3, p. 351.
50) ibid., p. 351.
51) John McCormick, *op. cit.*, p. 126.
52) Frank Bollen, *op. cit.*, pp. 2-3.
53) Christopher K. Ansell et al., *op. cit.*, p. 351.
54) ibid., p. 353.
55) John McCormick, *op. cit.*, p. 127.

56) *ibid.*, p. 127.
57) Frank Bollen, *op. cit.*, p. 2.
58) *ibid.*, p. 2.
59) 1997년에 집행위원회가 발행한 맥도걸보고서(MacDougall Report)에 따르면 경제화폐동맹의 성공적 운영을 위해서도 재분배정책은 반드시 요구되며 이럴 경우 유럽연합 예산은 회원국의 GDP 총액 대비 2-2.5%선이 적절하다고 내다보고 있다. 더 나아가 회원국의 GDP 총액 대비 5-7%선이 되어야 유럽연합의 연방적 속성이 강화되면서 재분재정책이 효과를 거둘 수 있다고 예측하고 있다. *ibid.*, p. 2.
60) Jan Olsson, *op. cit.*, p. 285.
61) Arthur Benz and Bunkard Eberein, *op. cit.*, p. 7.
62) *ibid.*, p. 7.
63) Jan Olsson, *op. cit.*, p. 285, 289.
64) Thomas Conzelmann (1998), "Europeanisation of Regional Development Policies? Linking the Multi-Level Governance Approach with Theories of Policy Learning and Policy Change," *Vienna University of Economics and Business Administration*, European Online Integration Papers, 1998/004, p. 3 (http://speth08.wu-wien.ac.at/eiop/pdf/1998-004.pdf)
65) Elizabeth Bomberg and John Peterson (1998), "European Union Decision Making: the Role of Sub-national Authorities," *Political Studies*, Vol. 46, No. 2, Iss. p. 220.
66) Thomas Conzelmann, *op. cit.*, p. 3.
67) John McCormick, *op. cit.*, p. 125.
68) Arthur Benz and Bunkard Eberein, *op. cit.*, p. 7.
69) Andy Smith, *op. cit.*, p. 712.
70) Stephan Leibfried and Dieter Wolf, *op. cit.*, p. 479.
71) Charlie Jeffery (2002), "The 'Europe of the Regions' from Maastricht to Nice," *Queen's University Balfast, Institute of European Studies*, Queen's Papers on Europeanization No. 7, p. 1. (http://www.qub.ac.uk/ies/onlinepapers/poe7-02.pdf)
72) *ibid.*, p. 5.
73) Carolyn Marie Dudek (2001), "Can the European Union Influence the Functioning of Regional Governments?," *European University Institut*, Robert Schuman Centre Working Paper 00/49, p. 7.

(http://www.iue.it/RSCAS/WP-Texts/00_49.pdf)

73) Svein S. Andersen, and Eliassen, Kjell A. eds. (2000), *Making Policy in Europe*, 2nd. Edition, London, Sage, p. 342.

74) Stephen Ward and Richard Williams (1997), "From Hierarchy to Networks? Sub-central Government and EU Urban Environment Policy," *Journal of Common Market Studies*, Vol. 35, Iss. 3, pp. 339-440.

75) James Anderson (2001), "The Rise of Regions and Regionalism in Western Europe," *Governing European Diversity*, Montserrat Guibernau ed., London, Sage, pp. 52-53.

76) Eurocities (2008), "History," *Eurocities* (http://www.eurocities.org/)

77) Pascal Lamy (2004), "Europe and the Future of Economic Governance," *Journal of Common Market Studies*, Vol. 42, Iss. 1, pp. 8-9.

78) Jörg Dürrschmidt (2002), "Multiple Agoras: Local and Regional Environmental Policies between Globalization and European Pathways of Transformation," *Innovation: The European Journal of Social Science Research*, Vol. 15, No. 3, p. 197.

79) Valentina Barbagallo (1997), "European Integration and Environment: Are We Going Towards a Cleaner Federal State?," *University of Catania*, Jean Monnet Working Papers 02-96, p. 5.
(http://www.fscpo.unict.it/EuroMed/jmwp02.htm)

80) Duncan Liefferink and Andrew Jordan (2003), "An 'Ever Closer Union' of National Policy? The Convergence of National Environmental Policy in the European Union," *Queen's University Balfast*, Queen's Papers on Europeanization No. 10, p. 8.

81) *ibid.*, p. 7.

82) Jörg Dürrschmidt, *op. cit.*, pp. 193-194.

83) Morten Egeberg, *op. cit.*, p. 20.

84) Jacques Lolive and Anne Tricot (2004), "The Emergence of an Alpine Environmental Expertise," *Innovation: The European Journal of Social Science Research*, Vol. 17, No. 3, p. 248.

85) CIPRA International (2008), *Mountain Areas in Europe: Analysis of Mountain Areas in EU Member States*, Acceding and Other European Countries, Swiss.

(http://www.alpmedia.net/d/index3.asp?publikationsdetail.asp?PublikationID=981&Sprache=2|2|navi.asp?4|1)
87) Christine Neuhold (2001), "The Legislative Backbone" Keeping the Institution Upright? The Role of European Parliament Committees in the EU Policy-Making Process," European Online Integration Papers 2001-010, pp. 4-8. 참조.
88) 2차 알파인 회담에서는 농업, 지역개발 및 산림보호, 관광자원개발, 및 운송 등 세부정책에 대한 부속협정(Protocol) 역시 체결되었다. 이후 1993년에 모나코 역시 부속협정에 서명하여 특정 부분에서 알파인 협정 체결국과 공동정책을 취하게 되었다. Jacques Lolive and Anne Tricot, *op. cit.*, p. 246; Standing Committee of the Alpine Convention (2008), *The Alpine Convention*, Ministry of the Environment and Territory Italy. (http://www.alpenkonvention.org/)
89) Martin F. Price (1999), "Towards Co-operation Across Mountain Frontiers: The Alpine Convention," *European Environment*, Vol. 9, Iss. 3, p. 86.
90) 알프스보존국제위원회(CIPRA)는 1952년에 알프스 지역에 위치한 오스트리아, 독일, 프랑스, 이탈리아, 리히텐슈타인 및 슬로베니아 등 7개국의 100여개 환경단체와 지방정부들이 결성한 국제기구이다. CIPRA는 알프스지역에서 체계적인 자연환경 보전활동 및 문화적 유산보존 등 다양한 환경 관련 활동에 주력하고 있다. 알프스보존국제위원회는 1974년에 알프스 지역의 미래를 주제로 국제적 심포지엄을 개최하여 알프스 지역국가들간 협력기구 창설 필요성을 제기하였으나 1980년대 중반까지 본 논의는 실현되지 못하였다. 이후 알프스보존국제위원회는 1987년에 알프스 지역에 걸쳐있는 350여개에 달하는 지방정부 및 비정부간 기구와 연합하여 동 지역에서 정부간 기구 설립안을 발표하였다. 이듬해 유럽의회는 만장일치로 동 지역에서 환경보전과 개발을 위한 국제기구 창설을 결의하면서 1989년에 1차 알파인 회담이 개최되었다. 본 위원회는 1952년 설립시 알프스지역보전을 위한 국제위원회(International Commission for the Protection of the Alpine Regions)로 시작하였으나 이후 1990년에 현재의 명칭으로 개칭된다. *ibid.*, p. 84.
91) Jacques Lolive and Anne Tricot, *op. cit.*, pp. 246-247.
92) *ibid.*, p. 255.
93) Sven W. Arndt (1999), "Alpine Contrasts: Swiss and Austrian Responses to the EU," *Forging an Integrated Europe*, Barry Eichengreen and Jeffry Frieden eds., An Arbor, The University of Michigan Press, p.

265; Martin F. Price, *op. cit.*, p. 85.
94) 유럽운송연합(ITE)는 ITE는 원래 스위스 지방정부 내 환경단체들이 알프스 지역에서 도로기반 시설 투자를 저지하기 만든 1991년에 스위스알파인연합을 모태로 출범한 단체이다. 유럽운송연합의 설립 목적은 육로운송 부분에서 최적의 환경 보존 모델을 개발하는데 있으나 대부분의 활동은 알프스 지역을 관통하는 차량에 대한 세금부과에 관한 기술적 업무에 집중되어 있다. 본 기구에는 독일, 프랑스, 이탈리아, 스위스, 오스트리아 및 헝가리를 포함해 39개 환경단체가 가입되어 있으며, 정기적인 포럼과 소식지를 발간하고 있다. Jacques Lolive and Anne Tricot, *op. cit.*, p. 253.

찾아보기

한글색인

개방적 협력절차(OMC: Open Method Coordination) • 62
결속기금(Cohesion Fund) • 56, 60, 70
경제화폐동맹(EMU: Economic and Monetary Union) • 19, 53, 61, 76, 78, 79
구조기금(Structure Fund) • 49, 51, 56, 57, 58, 59, 64, 69, 70
공동결정절차(codecision procedure) • 20, 64
공동시장(common market) • 53, 54, 80, 84
공동외교안보정책(CFSP: Common Foreign and Security Policy) • 19
내무사법정책(JHA: Justice and Home Affairs) • 33
다층적 거버넌스(multi-level governance) • 16, 21, 23, 24, 31, 32, 33, 50, 73
단일시장(single market) • 27, 30, 36, 40, 46, 47, 52, 57, 70, 75, 86
동반자 관계(partnership) • 47, 57, 82, 87
리스본 프로세스(Lisbon Process) • 62, 73
맥도걸보고서(MacDougall Report) • 61
보충성 원칙(principle of subsidiarity) • 24, 48
신기능주의(neofunctionalism) • 10
신제도주의(new institutionalism) • 16, 18
쉥겐협정(Schengen Agreement) • 31, 48
알프스보존국제위원회(CIPRA: International Commission for the Protection of the Alps) • 98
암스테르담조약(The Amsterdam Treaty) • 19, 33
어업지도재정(FIFG: Financial Instrument for Fisheries Guidance) • 69
유럽경제지대(EEA: European Economic Area) • 95

유럽농업지도보증기금(EAGGF: European Agricultural Guidance and Guarantee Fund) • 69
유럽사회기금(ESF: European Social Funds) • 53, 69, 70
유럽석탄철강공동체(ECSC: European Coal and Steel Community) • 54
유럽시민권(European Citizenship) • 19
유럽운송연합(ITE: European Transport Initiative) • 94, 96, 97
유럽중앙은행(ECB: European Central Bank) • 79
유럽지역발전기금(ERDF: European Regional Development Fund) • 53, 59, 73
유럽헌법(European Constitution) • 30
자유주의 정부간협상이론(liberal intergovernmentalism) • 16, 20
재분배정책(redistribution policy) • 27, 56, 61, 62
정부간협상이론(intergovernmentalism) • 10, 16, 20, 30
정부간 회담(IGC: Intergovernmental Conference) • 26, 77
정책네트워크(policy network) • 16, 18, 22, 26, 47, 51, 64, 68, 72, 79, 80, 84, 88, 91, 94, 98
지방의 유럽(Europe of the Regions) •76
지역위원회(Committee of Regions) • 43, 65, 77, 78
직접효력(direct effect) • 24
초국가주의(supranationalism) • 10, 21
최고성(supremacy) • 24
톰슨보고서(Thomson Report) • 54

영문색인

codecision procedure: 공동결정절차 • 20, 64
Cohesion Fund: 결속기금 • 56, 60, 70
Committee of Regions: 지역위원회 • 43, 65, 77, 78
Common Foreign and Security Policy(CFSP): 공동외교안보정책 • 19
common market: 공동시장 • 53, 54, 80, 84
direct effect: 직접효력 • 24
Economic and Monetary Union(EMU): 경제화폐동맹 • 19, 53, 54, 61, 76, 78, 79
Europe of the Regions: 지방의 유럽 • 76
European Agricultural Guidance and Guarantee Fund(EAGGF): 유럽농업지도보증기금 • 69
European Central Bank(ECB): 유럽중앙은행 • 79
European Citizenship: 유럽시민권 • 19
European Coal and Steel Community(ECSC): 유럽석탄철강공동체 • 54
European Constitution: 유럽헌법 • 30
European Economic Area(EEA): 유럽경제지대 • 95
European Regional Development Fund(ERDF): 유럽지역발전기금 • 53, 59, 63
European Social Funds(ESF): 유럽사회기금 • 53, 69, 70
European Transport Initiative(ITE): 유럽운송연합 • 94, 96, 97
Financial Instrument for Fisheries Guidance(FIFG): 어업지도재정 • 69
Intergovernmental Conference(IGC): 정부간 회담 • 26, 77
intergovernmentalism: 정부간협상이론 • 10, 16, 20, 30
International Commission for the protection of the Alps(CIPRA): 알프스보존국제위원회 • 98
Justice and Home Affairs(JHA): 내무사법정책 • 33
liberal intergovernmentalism: 자유주의 정부간협상이론 • 16, 20
Lisbon Process: 리스본 프로세스 • 62, 73

MacDougall Report: 맥도걸보고서 • 61
multi-level governance: 다층적 거버넌스 • 16, 21, 23, 24, 31, 32, 33, 50, 73
neofunctionalism: 신기능주의 • 10
new institutionalism: 신제도주의 • 16, 18
Open Method Coordination(OMC): 개방적 협력절차 • 62
partnership: 동반자 관계 • 47, 57, 82, 87
policy network: 정책네트워크 • 16, 18, 22, 26, 47, 51, 64, 68, 72, 79, 80, 84, 88, 91, 94, 98
principle of subsidiarity: 보충성 원칙 • 24, 48
redistribution policy: 재분배정책 • 27, 56, 61, 62
Schengen Agreement: 쉥겐협정 • 31, 48
single market: 단일시장 • 27, 30, 36, 40, 46, 47, 52, 57, 70, 75, 86
Structure Fund: 구조기금 • 49, 51, 56, 57, 58, 59, 64, 69, 70
supranationalism: 초국가주의 • 10, 21
supremacy: (공동체법) 최고성 • 24
The Amsterdam Treaty: 암스테르담조약 • 19, 33
Thomson Report: 톰슨보고서 • 54